ISO 37001:2016 - Sistema de gestão anti-suborno

Adérito Tiago Vineza Vieira

Published by Adérito Tiago Vineza Vieira, 2025.

ISO 37001:2016 - SISTEMA DE GESTÃO ANTI-SUBORNO

First edition. January 31, 2025.

ISBN: 979-8230406495

Written by Adérito Tiago Vineza Vieira.

"Integridade é fazer a coisa certa, mesmo quando ninguém está olhando." – CS Lewis

PREFÁCIO

A corrupção e o suborno são desafios globais que comprometem a ética, a transparência e a integridade das organizações e das relações comerciais. Neste contexto, a Organização Internacional para Padronização desenvolveu a norma 37001:2016 como um guia essencial para a implementação de um Sistema de Gestão Anti-Suborno eficaz. Este livro tem como objetivo proporcionar uma visão abrangente e prática sobre essa norma, permitindo que organizações de diversos setores compreendam, implementem e aprimorem seus processos de conformidade e combate ao suborno.

Ao longo das próximas páginas, os leitores terão acesso a uma explicação detalhada sobre os requisitos da norma, sua aplicabilidade e os benefícios que ela pode trazer para a gestão empresarial. Além disso, abordaremos as melhores práticas e estratégias para prevenir, detectar e responder a atos de suborno, promovendo uma cultura organizacional baseada na ética e na transparência.

Com um conteúdo estruturado e acessível, esta obra destina-se a profissionais da área de conformidade, gestores, auditores, consultores e qualquer pessoa interessada em fortalecer os mecanismos de integridade dentro de suas organizações. Espero que este livro sirva como um guia valioso na jornada rumo a um ambiente corporativo mais íntegro e responsável.

Boa leitura!

Adérito Tiago Vineza Vieira

Módulo 1: Introdução à ISO 37001 e Contexto Histórico

Introdução à norma ISO 37001:2016

A ISO 37001:2016 é uma **norma internacional que especifica os requisitos e fornece orientações para o estabelecimento, implementação, manutenção, revisão e melhoria de um sistema de gestão anti-suborno (SGAS)**. Esta norma destina-se a ajudar as organizações a **prevenir, detetar e combater o suborno**, promovendo uma cultura de ética e conformidade.

O propósito principal da ISO 37001 é:

- **Permitir que as organizações implementem medidas razoáveis e proporcionais** concebidas para prevenir, detetar e responder ao suborno. A norma fornece um *framework* para que as organizações possam demonstrar o seu compromisso com a prevenção do suborno.
- **Promover uma cultura global de combate ao suborno**, reforçando a confiança no mundo dos negócios e nas instituições. Ao adotar a norma, as organizações demonstram o seu compromisso com práticas empresariais éticas e responsáveis.
- **Fornecer um sistema de gestão certificável que pode ser integrado com outros sistemas de gestão existentes.** A ISO 37001 pode ser implementada como um sistema independente ou integrada com outras normas como a ISO 9001 (Qualidade), ISO 14001 (Ambiente) e ISO 27001 (Segurança da Informação). Esta integração permite uma abordagem mais eficiente e holística à gestão organizacional.
- **Estabelecer uma arquitetura de controlo de *loop* fechado** que aborda os requisitos específicos da norma ISO 37001. Esta arquitetura visa assegurar a melhoria contínua do sistema de gestão anti-suborno.

A quem se destina a ISO 37001?

- A ISO 37001 é **aplicável a todos os tipos e tamanhos de organizações**, independentemente do seu setor, natureza ou se são públicas, privadas ou sem fins lucrativos. Isto inclui grandes empresas, pequenas e médias empresas (PMEs), organizações governamentais, organizações não-governamentais (ONGs) e outras.
- A norma destina-se a organizações que desejam:

  - Implementar as medidas necessárias para prevenir, detetar e combater o suborno.

  - Promover a confiança entre as partes interessadas, acionistas e potenciais investidores.

  - Evitar ou minimizar custos, riscos e danos associados ao envolvimento em suborno.

  - Mitigar riscos e alcançar notoriedade reputacional através da implementação de políticas de gestão anti-suborno.

A norma ajuda a **organizações de todas as dimensões a gerir o risco de suborno.**

Em resumo, a ISO 37001:

- É uma norma internacional que visa ajudar as organizações a combater o suborno através da implementação de um sistema de gestão eficaz.
- O seu propósito é **promover a transparência, a ética e a conformidade** nas práticas empresariais, ajudando a criar um ambiente de negócios mais justo e confiável.
- É aplicável a **qualquer organização** que deseje demonstrar o seu compromisso com a prevenção do suborno.

Benefícios da implementação da norma ISO 37001

A implementação da ISO 37001, o sistema de gestão anti-suborno (SGAS), oferece uma vasta gama de benefícios para as organizações, que vão além da mera conformidade legal. Estes benefícios podem ser agrupados em várias categorias principais:

- **Reputação e Confiança:**
  - A ISO 37001 ajuda as organizações a **manter uma reputação íntegra** ao prevenir o envolvimento em suborno e escândalos de corrupção.
  - A demonstração de compromisso com a conduta ética **aumenta a confiança entre as partes interessadas** (stakeholders), incluindo clientes, parceiros de negócios, investidores e reguladores.
  - A certificação ISO 37001 é um **sinal de credibilidade** e responsabilidade, que pode melhorar a imagem pública da organização.
- **Gestão de Riscos:**
  - A norma fornece uma **estrutura para identificar, avaliar e mitigar os riscos de suborno**. Ao implementar a ISO 37001, as organizações podem analisar a sua exposição ao risco de suborno e tomar medidas para o reduzir.
  - A ISO 37001 ajuda as organizações a **prevenir, detetar e responder ao suborno**, o que pode reduzir a probabilidade de envolvimento em atividades ilícitas.
  - A norma auxilia na **implementação de controlos financeiros e não financeiros** para gerir o risco de suborno.
  - A implementação da norma pode **diminuir os riscos legais**, protegendo a organização contra multas, processos judiciais e outros danos resultantes de atos de suborno.

- **Cultura Organizacional e Ética:**
  - A ISO 37001 promove uma **cultura de integridade e conformidade** em toda a organização.
  - A norma incentiva o **comportamento ético** e a responsabilidade em todos os níveis da organização.
  - A norma enfatiza a importância da **denúncia de irregularidades** (whistleblowing), protegendo os denunciantes contra represálias.
  - A implementação da ISO 37001 pode levar a uma **melhoria geral no desempenho dos funcionários**, com maior consciência das práticas anti-suborno.
- **Vantagens Financeiras e Operacionais:**
  - A ISO 37001 pode contribuir para **reduzir custos**, através do controlo de demonstrações financeiras, mecanismos eficientes para rastrear transações e processos transparentes.
  - A norma permite que a organização se adapte aos riscos de suborno em evolução e às alterações regulamentares.
  - A implementação da norma pode aumentar a **oportunidade de deteção de fraudes e *due diligence*.**
  - Processos claros e responsabilidades bem definidas levam a uma **maior eficiência.**
- **Reconhecimento Internacional e Conformidade:**
  - A ISO 37001 é reconhecida mundialmente como a **autoridade em gestão anti-suborno.**

- ○ A conformidade com a ISO 37001 **facilita o cumprimento de leis nacionais e internacionais** anti-suborno.

- ○ A norma pode ser integrada com outros sistemas de gestão, o que contribui para a **harmonização e eficiência** dos processos de gestão.

- **Melhoria Contínua:**

  - ○ A ISO 37001 enfatiza a importância da **monitorização e medição** da eficácia das medidas anti-suborno, através de indicadores de desempenho (KPIs) e auditorias internas.

  - ○ A norma promove a **implementação de ações corretivas e preventivas** para abordar as não conformidades e melhorar continuamente o sistema de gestão.

  - ○ As auditorias internas são uma ferramenta essencial para avaliar a conformidade e identificar áreas de melhoria.

  - ○ A **revisão pela gestão de topo** é fundamental para garantir a adequação e eficácia contínua do sistema.

A implementação da ISO 37001 não só protege as organizações contra os riscos do suborno, mas também as ajuda a construir uma cultura mais ética, responsável e eficiente. Os benefícios são multifacetados e contribuem para o sucesso sustentável da organização.

É importante notar que a conformidade com a ISO 37001 não garante que o suborno não ocorrerá, mas ajuda as organizações a **implementar medidas razoáveis e proporcionais** para prevenir, detetar e responder ao suborno.

Com base nas fontes fornecidas e na nossa conversa anterior, desenvolvo o tema "Contexto Histórico e a Necessidade de Sistemas

Anti-Suborno", abordando os subtemas "A problemática do suborno e corrupção a nível global", "A importância de práticas empresariais éticas" e "O papel das normas ISO na promoção da conformidade", com o objetivo de fornecer uma análise aprofundada e robusta deste tópico crucial:

Contexto Histórico e a Necessidade de Sistemas Anti-Suborno

O suborno e a corrupção são fenómenos com raízes históricas profundas, que se manifestam em diversas formas e contextos ao longo do tempo. A necessidade de sistemas anti-suborno surge como resposta à crescente complexidade e aos graves impactos destes problemas a nível global.

A problemática do suborno e corrupção a nível global

- O **suborno** é definido como o ato de oferecer, dar, receber ou solicitar algo de valor (como dinheiro, presentes, favores ou benefícios) com a intenção de influenciar as ações ou decisões de um indivíduo ou entidade, muitas vezes de forma desonesta ou ilegal. A corrupção, por sua vez, abrange um leque mais amplo de práticas desonestas e ilegais, nas quais o suborno se insere.
- **O suborno e a corrupção são problemas generalizados** que afetam todos os setores e regiões do mundo, com consequências devastadoras. Estes atos minam a boa governação, dificultam o desenvolvimento, distorcem a concorrência, a justiça, violam os direitos humanos e são um obstáculo ao alívio da pobreza.
- O suborno **aumenta o custo de fazer negócios**, introduz incertezas nas transações comerciais, eleva o preço de bens e serviços, reduz a qualidade de produtos e serviços e destrói a confiança nas instituições, interferindo no funcionamento justo e eficiente dos mercados.
- Ao longo da história, e especialmente durante o final do século XX e início do século XXI, vários **escândalos de suborno de alto perfil** abalaram governos, empresas e instituições públicas. Exemplos

notórios incluem o escândalo da Enron nos Estados Unidos e o escândalo da Siemens na Alemanha. Estes casos expuseram o impacto devastador do suborno em organizações, economias e sociedades, resultando em perdas financeiras, danos à reputação e consequências legais.

- A **globalização** e a expansão do comércio internacional aumentaram a complexidade do suborno, uma vez que as organizações operam em diversos ambientes regulamentares, normas culturais e padrões éticos. Esta complexidade tornou o combate ao suborno um desafio ainda maior.
- A **corrupção movimenta biliões de dólares anualmente**. A magnitude deste problema demonstra a urgência da adoção de medidas preventivas.

A importância de práticas empresariais éticas

- As práticas empresariais éticas são essenciais para a **sustentabilidade e o sucesso** a longo prazo das organizações. As empresas éticas constroem uma reputação sólida e atraem clientes, investidores e parceiros de negócios.
- A **ética nos negócios** vai além do cumprimento legal, envolvendo a adoção de valores morais e princípios de integridade nas operações diárias. Empresas com forte ética empresarial demonstram um compromisso com a transparência, a honestidade e a responsabilidade social.
- A adoção de práticas éticas ajuda a **prevenir o envolvimento em suborno e corrupção**, protegendo a organização contra danos financeiros, legais e de reputação.
- Uma **cultura organizacional ética** contribui para o bem-estar dos colaboradores, clientes e da sociedade em geral. A criação de um ambiente de trabalho onde a integridade é valorizada fomenta a lealdade, a produtividade e a satisfação dos colaboradores.
- A **liderança** desempenha um papel crucial na promoção da ética empresarial, definindo as expectativas, incentivando a conduta ética e alocando recursos necessários para a conformidade. O compromisso da liderança é fundamental para o sucesso de qualquer sistema anti-suborno.
- A ética empresarial contribui para a **responsabilidade social corporativa (RSC)** das organizações. Ao adotarem práticas empresariais responsáveis, as organizações contribuem para o bem-estar da sociedade.

O papel das normas ISO na promoção da conformidade

- As normas ISO (International Organization for Standardization) desempenham um papel vital na **promoção da conformidade** e da adoção de boas práticas a nível global.
- A **ISO 37001** é uma norma internacional que fornece um *framework* para que as organizações estabeleçam, implementem,

mantenham e melhorem um sistema de gestão anti-suborno (SGAS). Esta norma estabelece requisitos e orientações para que as organizações possam prevenir, detetar e combater o suborno.

- A ISO 37001 pode ser implementada como um **sistema autónomo ou integrado com outros sistemas de gestão**. A integração com outras normas ISO, como a ISO 9001 (Qualidade), ISO 14001 (Ambiente) e ISO 27001 (Segurança da Informação), permite uma abordagem mais eficiente e holística à gestão organizacional.
- A norma ISO 37001 reflete as **melhores práticas internacionais** e pode ser utilizada em qualquer jurisdição. É aplicável a organizações de todas as dimensões, em todos os setores, incluindo entidades públicas, privadas e sem fins lucrativos.
- A ISO 37001 aborda o suborno em diversos contextos, incluindo o suborno por parte da organização, dos seus colaboradores e parceiros de negócios. Aborda também o suborno da organização e dos seus colaboradores em relação às suas atividades.
- A **certificação ISO 37001** demonstra o compromisso de uma organização com a prevenção do suborno, aumentando a confiança entre as partes interessadas. A certificação atesta que a organização implementou um sistema de gestão eficaz para combater o suborno.
- As normas ISO promovem uma **linguagem comum** e uma abordagem padronizada para a gestão anti-suborno, facilitando a comparação e a melhoria contínua das práticas empresariais. As normas ISO incluem termos e definições padronizadas, o que promove a clareza e consistência.
- A ISO 37001 enfatiza a importância da **avaliação de riscos**, do *due diligence*, dos controlos financeiros e não financeiros, da formação, da comunicação, da monitorização e da melhoria contínua dos sistemas anti-suborno. A norma estabelece requisitos para a implementação de políticas anti-suborno, para a definição de objetivos anti-suborno e para a alocação de recursos necessários.

- As **auditorias internas regulares** são essenciais para garantir a conformidade com a norma. Estas auditorias ajudam a identificar áreas de melhoria e a assegurar a eficácia do sistema anti-suborno.

O contexto histórico e a necessidade de sistemas anti-suborno são inseparáveis da problemática da corrupção a nível global. As práticas empresariais éticas, impulsionadas por normas como a ISO 37001, desempenham um papel crucial na promoção da conformidade, na prevenção do suborno e na construção de um ambiente empresarial mais justo e responsável. A adoção destas normas e práticas é fundamental para garantir a sustentabilidade e o sucesso das organizações, bem como para proteger a sociedade dos impactos negativos da corrupção.

Relação com outras normas ISO

A ISO 37001, norma internacional para sistemas de gestão anti-suborno (SGAS), não opera isoladamente. Pelo contrário, foi concebida para ser compatível e complementar com outras normas ISO, permitindo uma abordagem integrada e eficiente da gestão organizacional.

Possibilidade de integração com outras normas de gestão (ISO 9001, ISO 14001, ISO 27001)

- A **ISO 37001** pode ser implementada como um sistema autónomo ou integrada com outros sistemas de gestão, como o **Sistema de Gestão da Qualidade (ISO 9001)**, o **Sistema de Gestão Ambiental (ISO 14001)** e o **Sistema de Gestão da Segurança da Informação (ISO 27001)**.
- Esta **integração** é facilitada pela adoção de uma estrutura de alto nível (High Level Structure - HLS) comum a todas as normas de sistemas de gestão ISO. Esta estrutura inclui texto central idêntico e termos comuns com definições centrais, o que beneficia os utilizadores que implementam várias normas de sistemas de gestão ISO.
- A integração permite que as organizações evitem **duplicação de esforços** e **otimizem recursos**, estabelecendo processos e controlos

que sirvam múltiplos propósitos. Por exemplo, os procedimentos de controlo de documentos (documentação) ou de auditoria interna podem ser adaptados para cobrir as exigências de várias normas.

- A **ISO 9001**, focada na qualidade dos produtos e serviços, pode ser integrada com a ISO 37001 para assegurar que os processos são não só eficientes mas também éticos.
- A **ISO 14001**, relativa à gestão ambiental, pode ser combinada com a ISO 37001 para garantir que as práticas de sustentabilidade também incluem a prevenção de suborno.
- A **ISO 27001**, relacionada com a segurança da informação, pode ser integrada para proteger informações sensíveis que podem ser alvo de tentativas de suborno.
- A **implementação integrada** promove uma cultura organizacional coesa e consistente, onde a qualidade, o ambiente, a segurança da informação e a ética empresarial são valores intrínsecos.
- A **integração** não se limita apenas aos requisitos, mas também às práticas de gestão, como a análise de risco, a gestão de documentos, a formação de pessoal e a comunicação, o que gera uma abordagem mais coerente e eficiente.

Outras normas de referência (ISO 19600, ISO 31000)

- Para além das normas de gestão de sistemas, existem outras normas ISO que são importantes referências para a implementação da ISO 37001, nomeadamente a **ISO 19600** e a **ISO 31000**.
- A **ISO 19600** (Sistemas de Gestão da Conformidade - Orientações) fornece diretrizes para a implementação de um sistema de gestão da conformidade. Embora não seja uma norma certificável, a ISO 19600 é uma referência útil para as organizações que pretendem ir além do simples cumprimento legal e construir uma cultura de conformidade. A ISO 19600 pode ser usada como guia para a implementação de um sistema de gestão anti-suborno integrado num sistema de gestão da conformidade mais amplo.

• A ISO 19600 orienta as organizações sobre como estabelecer, implementar, manter e melhorar um sistema de gestão da conformidade eficaz, abordando aspetos como a **cultura de conformidade, a identificação e gestão de riscos de conformidade e a implementação de controlos.**

• A **ISO 31000** (Gestão de Risco - Princípios e Diretrizes) fornece princípios e diretrizes para a gestão de riscos. Embora também não seja uma norma certificável, a ISO 31000 é uma referência fundamental para as organizações que implementam um SGAS, pois a gestão do risco de suborno é uma parte essencial da ISO 37001.

• A **ISO 31000** aborda aspetos como o estabelecimento do contexto, a avaliação de riscos (identificação, análise e avaliação) e o tratamento de riscos. A ISO 37001 exige que as organizações realizem uma avaliação de risco de suborno regular, e a ISO 31000 fornece um enquadramento valioso para este processo.

• A ISO 31000 enfatiza que a gestão de riscos deve ser **integrada em todas as atividades da organização**. Assim, a abordagem da gestão do risco de suborno, segundo a ISO 37001, deve ser consistente com a abordagem da gestão de riscos para outros aspetos da organização.

• A **integração da gestão de riscos** da ISO 31000 com a implementação do sistema anti-suborno segundo a ISO 37001, permite que a organização adote uma abordagem mais sistemática e holística para o combate ao suborno, identificando os riscos, avaliando a sua probabilidade e impacto e implementando controlos adequados para mitigar esses riscos.

• A **ISO 37001 também faz referência a outras normas** e documentos, como a ISO 9000 (sistemas de gestão da qualidade – fundamentos e vocabulário) e a ISO/IEC 17000 (avaliação da conformidade – vocabulário e princípios gerais).

• A **compreensão e aplicação** dos princípios destas outras normas permite que a implementação e manutenção do sistema anti-suborno seja mais eficaz e coerente com outras atividades da organização, assegurando um sistema de gestão mais sólido e completo.

Em resumo, a ISO 37001 não opera de forma isolada, mas sim como parte de um ecossistema de normas ISO que se complementam e reforçam mutuamente. A possibilidade de integração com outras normas de gestão, como a ISO 9001, ISO 14001 e ISO 27001, bem como a referência a normas como a ISO 19600 e a ISO 31000, permite às organizações adotar uma abordagem mais holística, eficiente e eficaz na gestão da qualidade, do ambiente, da segurança da informação e do risco de suborno. Esta abordagem integrada não só reforça o sistema de gestão anti-suborno, mas também contribui para uma cultura organizacional mais sólida, ética e responsável.

Módulo 2: Conceitos Fundamentais e Terminologia

Definições Chave

- **Suborno:** O **suborno** é definido como o ato de **oferecer, prometer, dar, aceitar ou solicitar uma vantagem indevida**, de qualquer valor (financeiro ou não financeiro), direta ou indiretamente e independentemente da localização, **em violação da lei aplicável**, como um incentivo ou recompensa para uma pessoa que atua ou se abstém de atuar em relação ao desempenho das suas funções.

    - Esta definição genérica é complementada pela lei anti-suborno aplicável à organização e pelo sistema de gestão anti-suborno (SGAS) concebido pela mesma.

    - O suborno pode manifestar-se de várias formas, incluindo suborno ativo (oferecer ou dar) e suborno passivo (receber).

    - O suborno pode ocorrer no setor privado, envolvendo entidades comerciais, ou no setor público, envolvendo instituições governamentais e funcionários públicos.

- **Corrupção:** A **corrupção** é um termo mais amplo que engloba uma série de **comportamentos desonestos ou fraudulentos**, incluindo o suborno. A corrupção envolve o **abuso de poder ou autoridade** para ganho pessoal, muitas vezes em detrimento de outros ou do interesse público.

    - A corrupção pode assumir várias formas, como desvio de fundos, fraude, nepotismo, favoritismo, lavagem de dinheiro e abuso de poder.

- Embora o suborno seja uma manifestação específica da corrupção, esta pode ocorrer de várias formas e assumir outras práticas ilegais.

- **Vantagem Indevida:** Uma **vantagem indevida** refere-se a um **benefício, favor ou vantagem injusta ou imprópria**, obtida através de suborno ou práticas corruptas.

  - Pode assumir a forma de dinheiro, presentes, serviços, promoções ou qualquer outro benefício que não seja legitimamente ganho ou concedido.

  - Esta vantagem pode influenciar decisões de forma ilegal, antiética ou fraudulenta.

- **Extorsão:** A **extorsão** é o ato de **forçar alguém a fornecer algo de valor** através de ameaças, coerção ou intimidação.

  - Diferencia-se do suborno porque a pessoa é forçada a pagar.

  - A extorsão não é abordada pela norma ISO 37001, pois coloca em causa a segurança das pessoas envolvidas.

  - Num contexto de segurança, a norma permite a realização de pagamentos em casos de perigo eminente, para preservar a saúde, a segurança ou a liberdade de um indivíduo.

- **Pagamentos de Facilitação:** Os **pagamentos de facilitação**, também conhecidos como "pagamentos de lubrificação" ou "speed money", são **pequenos pagamentos ou presentes feitos para agilizar ações ou serviços governamentais de rotina** a que um indivíduo ou empresa tem direito legal.

- Estes pagamentos são geralmente feitos para garantir um serviço rápido e eficiente, mas são ilegais em muitas jurisdições e são considerados suborno para efeitos da norma ISO 37001.

- A norma estabelece que estes pagamentos devem ser proibidos pelas organizações no âmbito do seu sistema de gestão anti-suborno.

É crucial para as organizações compreenderem as definições e distinções entre suborno, corrupção e vantagem indevida, bem como as diferentes formas que o suborno pode assumir, incluindo a extorsão e os pagamentos de facilitação. Estas compreensões são fundamentais para a implementação de um sistema de gestão anti-suborno eficaz e em conformidade com a ISO 37001, que permite à organização prevenir, detetar e responder ao suborno.

Termos e Definições da Norma

A ISO 37001, como qualquer norma de gestão, utiliza termos específicos que são essenciais para uma correta implementação e interpretação dos seus requisitos. A seguir, detalho cada um dos termos solicitados:

- **Organização:** Uma **organização** é definida como uma **pessoa ou grupo de pessoas** que possui as suas próprias funções, com **responsabilidades, autoridades e relações** para alcançar os seus objetivos.

    - O conceito de organização inclui, mas não se limita a, **empresários individuais, empresas, corporações, firmas, empreendimentos, autoridades, parcerias, instituições de caridade ou instituições**, ou parte ou combinação destas, quer sejam incorporadas ou não, públicas ou privadas.

○ Para organizações com mais do que uma unidade operacional, uma ou mais das unidades operacionais podem ser definidas como uma organização.

- **Parte Interessada (Stakeholder):** Uma **parte interessada**, também referida como *stakeholder*, é uma **pessoa ou organização que pode afetar, ser afetada por, ou perceber-se como afetada por uma decisão ou atividade.**

○ Um *stakeholder* pode ser **interno ou externo** à organização.

○ Exemplos de *stakeholders* incluem **clientes, empregados, governos, investidores, acionistas, fornecedores e inventores.**

○ A organização deve determinar as partes interessadas relevantes para o seu sistema de gestão anti-suborno e os seus requisitos.

- **Requisito:** Um **requisito** é uma **necessidade que é declarada e obrigatória.**

○ A definição central de "requisito" nas normas de sistema de gestão ISO é "necessidade ou expectativa que é declarada, geralmente implícita ou obrigatória". No entanto, os requisitos "geralmente implícitos" não se aplicam no contexto da gestão anti-suborno.

○ Um requisito **especificado** é aquele que é declarado, por exemplo, em informação documentada.

- **Sistema de Gestão:** Um **sistema de gestão** é um conjunto de **elementos inter-relacionados ou interativos de uma organização** para estabelecer políticas e objetivos e processos para atingir esses objetivos.

- Um sistema de gestão pode abordar uma única disciplina ou várias disciplinas.

- Os elementos do sistema de gestão incluem a **estrutura, funções e responsabilidades, planeamento e operação** da organização.

- O âmbito de um sistema de gestão pode incluir toda a organização, funções específicas e identificadas da organização, secções específicas e identificadas da organização, ou uma ou mais funções em um grupo de organizações.

• **Alta Direção:** A **alta direção** é uma **pessoa ou grupo de pessoas que dirige e controla uma organização ao mais alto nível**.

- A alta direção tem o poder de delegar autoridade e fornecer recursos dentro da organização.

- Se o âmbito do sistema de gestão abranger apenas parte de uma organização, a alta direção refere-se àqueles que dirigem e controlam essa parte da organização.

- Algumas organizações têm um **órgão de governação** e uma alta direção, enquanto outras não têm responsabilidades divididas em vários órgãos.

• **Órgão de Governação:** Um **órgão de governação** é um grupo ou órgão que tem responsabilidades de supervisão geral relativamente à organização.

○ Estas responsabilidades incluem a supervisão do sistema de gestão anti-suborno da organização.

○ O órgão de governação geralmente não exerce direção diária sobre as atividades da organização.

○ Em algumas organizações, os papéis do órgão de governação e da alta direção podem ser combinados

.

- **Competência: Competência** é a **capacidade de aplicar conhecimentos e habilidades** para atingir os resultados pretendidos.

○ A competência pode ser demonstrada através de formação, experiência ou outras qualificações.

○ A organização deve determinar a competência necessária para as pessoas que realizam trabalhos sob o seu controlo e que afetam o seu desempenho anti-suborno.

- **Informação Documentada:** A **informação documentada** é a **informação que deve ser controlada e mantida** por uma organização e o meio em que está contida.

○ A informação documentada pode estar em **qualquer formato e meio** e vir de qualquer fonte.

○ Pode referir-se ao sistema de gestão, incluindo os processos relacionados, ou a informação criada para que a organização opere (documentação).

○ A organização deve assegurar a identificação, descrição, formatação, revisão, aprovação e controlo da informação documentada.

- **Processo:** Um **processo** é um conjunto de **atividades inter-relacionadas ou interativas** que transformam entradas em saídas.
  - A organização deve gerir os seus processos de forma eficaz para atingir os objetivos do sistema de gestão anti-suborno.
- **Medição: Medição** é um **processo para determinar um valor**.
  - As medições são utilizadas para avaliar o desempenho do sistema de gestão anti-suborno.
  - A organização deve definir o que precisa de ser monitorizado e medido, quem é responsável pela monitorização, os métodos a utilizar e quando as medições devem ser realizadas.
- **Auditoria:** Uma **auditoria** é um **processo sistemático, independente e documentado para obter evidências de auditoria e avaliá-las objetivamente** para determinar a medida em que os critérios de auditoria são cumpridos.
  - Uma auditoria pode ser uma **auditoria interna** (primeira parte) ou uma **auditoria externa** (segunda ou terceira parte).
  - Uma auditoria interna é conduzida pela própria organização ou por uma parte externa em seu nome.
  - A organização deve planear, estabelecer, implementar e manter um programa de auditoria que considere a importância dos processos e os resultados de auditorias anteriores.

- **Conformidade: Conformidade** é o **cumprimento de um requisito.**
- **Não Conformidade: Não conformidade** é o **não cumprimento de um requisito.**
- As não conformidades devem ser identificadas e corrigidas para melhorar o sistema de gestão anti-suborno.
- **Ação Corretiva:** Uma **ação corretiva** é uma **ação para eliminar a causa de uma não conformidade e para prevenir a sua recorrência.**
    - A organização deve implementar ações corretivas para lidar com as não conformidades identificadas.
- **Melhoria Contínua: Melhoria contínua** é uma **atividade recorrente para melhorar o desempenho.**
    - A organização deve procurar melhorar continuamente a adequação, adequabilidade e eficácia do seu sistema de gestão anti-suborno.
- **Pessoal: Pessoal** refere-se aos **diretores, executivos, empregados, pessoal temporário ou trabalhadores e voluntários de uma organização.**
    - A organização deve garantir que o seu pessoal cumpra a política anti-suborno e o sistema de gestão anti-suborno.

Princípios da Gestão Anti-Suborno

A gestão anti-suborno, conforme delineada pela ISO 37001, assenta em princípios fundamentais que visam prevenir, detetar e responder a práticas de suborno. Três desses princípios são a **avaliação de riscos**, a *due diligence* e a **proteção de denunciantes**, cada um desempenhando um papel vital na integridade do sistema.

- **Avaliação de Riscos:**

○ A **avaliação de riscos** é um processo sistemático que visa **identificar, analisar e avaliar os riscos** de suborno que uma organização pode enfrentar. Este processo é fundamental para a implementação eficaz de medidas preventivas e de controlo.

○ O objetivo principal da avaliação de riscos é **determinar a probabilidade de ocorrência de suborno e o seu potencial impacto**, permitindo que a organização priorize as suas ações e recursos.

○ A avaliação de riscos deve considerar **fatores internos e externos** à organização. Fatores internos podem incluir a cultura organizacional, a complexidade das operações e a natureza dos processos. Fatores externos podem incluir o setor de atividade, a localização geográfica e o ambiente regulamentar.

○ É crucial que a avaliação de riscos seja **regular e documentada**, de forma a garantir que as mudanças no ambiente de negócios e nos processos internos são devidamente consideradas.

○ A avaliação de riscos é um processo contínuo e não um evento único, o que significa que deve ser **revisto e atualizado periodicamente**.

▪ A avaliação de riscos de suborno deve ser realizada considerando os riscos específicos de cada área da organização.

▪ A avaliação de riscos deve ser a base para o desenvolvimento de **KPIs** (*Key Performance Indicators*) para monitorizar o desempenho do sistema de gestão anti-suborno.

▪ A avaliação de riscos deve ser utilizada para **informar a necessidade de *due diligence*.**

▪ Os resultados da avaliação de riscos devem ser documentados e devem ser a base para a definição de objetivos anti-suborno.

▪ A avaliação de riscos deve levar a organização a identificar as áreas mais vulneráveis e a implementar medidas de controlo adequadas.

- ***Due Diligence*:**

  ○ A *due diligence* é um processo de **investigação e avaliação aprofundada** de indivíduos, entidades ou relações comerciais, para **determinar a sua integridade, reputação e potencial envolvimento em suborno ou corrupção.**

  ○ A *due diligence* é crucial para **identificar e mitigar os riscos de suborno associados a terceiros**, tais como parceiros de negócios, fornecedores, agentes e intermediários.

  ○ Este processo pode incluir **verificações de antecedentes, análises financeiras, consultas a outras partes sobre a reputação ética e avaliações de integridade.**

  ○ A *due diligence* deve ser **adaptada ao nível de risco** associado a cada relação comercial ou atividade.

○ A *due diligence* não é uma ferramenta perfeita; a **ausência de informação negativa não significa necessariamente que não haja risco de suborno**, mas serve para **informar a decisão da organização** sobre como proceder.

○ A *due diligence* deve ser conduzida em **várias etapas**, incluindo antes de empregar um novo funcionário ou antes de iniciar uma relação com um parceiro de negócio.

▪ A *due diligence* deve ser realizada sobre **pessoal em posições de risco**, para garantir que eles não têm conflitos de interesse ou histórico de práticas não éticas.

▪ A *due diligence* deve ser utilizada para determinar a necessidade de **medidas de controlo adicionais ou melhoradas.**

○ A *due diligence* deve ser **atualizada periodicamente**, para garantir que as informações relevantes estão sempre disponíveis.

○ A *due diligence* é fundamental para a **prevenção e deteção de suborno**, e para a tomada de decisões informadas sobre relações comerciais e contratações.

- **Proteção de Denunciantes:**

○ A **proteção de denunciantes** (*whistleblowers*) é um princípio essencial que visa **encorajar e permitir que pessoas reportem, de boa fé, suspeitas de suborno, corrupção ou outras violações** do sistema de gestão anti-suborno, **sem medo de retaliação.**

○ A organização deve estabelecer **procedimentos claros e acessíveis** para que os denunciantes possam apresentar as suas preocupações.

○ É fundamental que os denunciantes tenham a **garantia de confidencialidade e proteção contra qualquer forma de retaliação**, incluindo assédio, discriminação, demissão ou outras formas de punição.

○ As denúncias devem ser **investigadas de forma imparcial e profissional**, e as ações corretivas devem ser implementadas para resolver os problemas identificados.

▪ A organização deve ter **mecanismos de *whistleblowing*** que permitam que os funcionários reportem preocupações de forma anónima e sem medo de retaliação.

▪ A proteção de denunciantes é fundamental para a **deteção precoce de casos de suborno e corrupção.**

○ A organização deve **promover a cultura de *whistleblowing***, onde os funcionários se sintam seguros para denunciar práticas não éticas.

○ A proteção de denunciantes é essencial para a **manutenção da integridade do sistema de gestão anti-suborno.**

A **avaliação de riscos**, a *due diligence* e a **proteção de denunciantes** são elementos interdependentes e essenciais para um sistema de gestão anti-suborno robusto e eficaz. A **avaliação de riscos** informa sobre a **necessidade e o âmbito da *due diligence***, enquanto a **proteção de denunciantes** garante que potenciais casos de suborno sejam identificados e investigados. A implementação adequada destes princípios permite que as organizações construam uma cultura de integridade e ética, reduzindo os riscos e as consequências negativas associadas ao suborno.

Módulo 3: Estrutura da Norma ISO 37001

A norma ISO 37001, que estabelece os requisitos para um Sistema de Gestão Anti-Suborno (SGAS), apresenta uma estrutura clara e organizada, desenhada para guiar as organizações na implementação de medidas eficazes contra o suborno. Esta estrutura não é apenas um conjunto de requisitos, mas sim uma **abordagem sistemática** para a gestão do risco de suborno, que se alinha com as melhores práticas internacionais.

- **Visão geral da estrutura da norma:**

  ○ A ISO 37001:2016 é estruturada de forma a fornecer uma orientação clara para as organizações que pretendem estabelecer, implementar, manter e melhorar continuamente um SGAS.

  ○ A norma é composta por **cláusulas e sub cláusulas** que abrangem todos os aspetos da gestão anti-suborno, desde o contexto da organização até à melhoria contínua.

  ○ A estrutura da norma inclui também **anexos informativos**, que fornecem orientações adicionais sobre a implementação dos requisitos.

  ○ A norma é **flexível** e pode ser adaptada a uma vasta gama de organizações, incluindo grandes empresas, pequenas e médias empresas (PMEs), organizações do setor público e privado, e organizações não governamentais (ONGs).

- **Abordagem sistemática para estabelecer, implementar, manter e melhorar um SGAS:**

○ A ISO 37001:2016 adota uma **abordagem sistemática** para a gestão anti-suborno, que segue o ciclo **Plan-Do-Check-Act (PDCA)**, também conhecido como ciclo de Deming.

○ Esta abordagem garante que o SGAS seja implementado de forma **organizada e eficiente**, com uma clara definição de responsabilidades e processos.

○ A abordagem sistemática da ISO 37001 envolve as seguintes etapas:

▪ **Planear (Plan):** Definir o contexto da organização, a política anti-suborno, os objetivos e os processos necessários para gerir o risco de suborno. Isto inclui a avaliação de riscos, e a identificação de requisitos legais e regulamentares.

▪ **Fazer (Do):** Implementar os processos e controlos planeados, incluindo a *due diligence*, os controlos financeiros e não financeiros, a formação e a sensibilização.

▪ **Verificar (Check):** Monitorizar e medir o desempenho do SGAS, realizar auditorias internas e analisar os resultados para identificar áreas de melhoria.

▪ **Agir (Act):** Implementar ações corretivas e preventivas para resolver as não conformidades e melhorar continuamente a eficácia do SGAS.

○ Esta abordagem sistemática garante que o SGAS seja **dinâmico e adaptável** às mudanças no ambiente de negócios e aos riscos de suborno.

- **Estrutura de alto nível comum a todas as normas ISO:**

○ A ISO 37001:2016 adota a **estrutura de alto nível** comum a todas as normas de sistemas de gestão ISO, o que facilita a **integração** com outras normas, como a ISO 9001 (gestão da qualidade), ISO 14001 (gestão ambiental) e ISO 27001 (segurança da informação).

○ Esta estrutura de alto nível inclui:

▪ **Cláusulas comuns:** As cláusulas 4 a 10 da norma seguem uma estrutura comum, que inclui o contexto da organização, liderança, planeamento, suporte, operação, avaliação do desempenho e melhoria contínua.

▪ **Textos e termos centrais idênticos:** As normas de sistemas de gestão ISO utilizam textos e termos centrais comuns, com definições idênticas, para facilitar a compreensão e a implementação.

○ Esta estrutura de alto nível permite que as organizações implementem **múltiplos sistemas de gestão** de forma integrada, evitando a duplicação de esforços e recursos.

Com base nas fontes fornecidas e na nossa conversa anterior, desenvolvo o tema "Cláusulas da Norma e seus Requisitos", focando na **Cláusula 1: Objeto e campo de aplicação** da ISO 37001:

Cláusulas da Norma e seus Requisitos

A norma ISO 37001 é estruturada em diversas cláusulas, cada uma abordando um aspeto específico do Sistema de Gestão Anti-Suborno (SGAS). A **Cláusula 1, "Objeto e campo de aplicação"**, é fundamental, pois define o propósito e a aplicabilidade da norma, estabelecendo as bases para a sua implementação.

- **Cláusula 1: Objeto e campo de aplicação**

○ **Objeto (Propósito):** A Cláusula 1 especifica que a ISO 37001 fornece **requisitos e orientações para estabelecer, implementar, manter, analisar e melhorar um SGAS**. O objetivo principal da norma é ajudar as organizações a **prevenir, detetar e responder ao suborno**, promovendo uma cultura de integridade e ética nos negócios.

○ **Campo de Aplicação:** A ISO 37001 é **genérica** e destina-se a ser aplicável a **todas as organizações** (ou partes de uma organização), independentemente do tipo, tamanho e natureza da atividade, e quer sejam do setor público, privado ou sem fins lucrativos. Isto significa que qualquer organização, desde uma pequena empresa a uma grande multinacional, pode beneficiar da implementação desta norma.

▪ A norma também se aplica a **organizações com várias unidades operacionais**, onde uma ou mais unidades podem ser definidas como uma organização.

▪ A extensão da aplicação dos requisitos da norma depende de fatores como o **tamanho da organização, a sua localização, o setor onde opera e a natureza, escala e complexidade das suas atividades**.

▪ A ISO 37001 pode ser implementada como um **sistema autónomo** ou **integrada noutros sistemas de gestão** existentes, tais como os sistemas de gestão da qualidade (ISO 9001), ambiental (ISO 14001), segurança da informação (ISO 27001), ou outros. A integração com outras normas de sistema de gestão ISO é facilitada pela estrutura de alto nível comum que todas partilham.

- A norma especifica a implementação de **políticas, procedimentos e controlos** que sejam **razoáveis e proporcionais** aos riscos de suborno que a organização enfrenta.

○ A Cláusula 1 enfatiza que a ISO 37001 aborda o suborno relacionado com as atividades da organização. Isto inclui, mas não se limita a:

- Suborno praticado pela própria organização (ou o seu pessoal ou associados de negócios a agir em nome da organização).

- Suborno de funcionários da organização.

○ A norma também reconhece que as medidas necessárias para prevenir, detetar e mitigar o risco de suborno praticado pela organização podem ser **diferentes** das medidas utilizadas para prevenir, detetar e responder ao suborno de uma organização.

A Cláusula 1 da ISO 37001 define o **propósito da norma como sendo a prevenção e deteção do suborno**, e estabelece que esta é **aplicável a todas as organizações**, independentemente das suas características. A norma deve ser implementada de forma a garantir que as medidas adotadas são **adequadas e proporcionais aos riscos específicos** que cada organização enfrenta.

Cláusula 2: Referências normativas

o A Cláusula 2 da ISO 37001 é notável por ser **inexistente** em termos de referências a outros documentos normativos. Ou seja, a norma **não estabelece nenhuma referência normativa**, afirmando explicitamente que "Não há referências normativas neste documento".

- o Esta ausência de referências normativas significa que a ISO 37001 é **auto-suficiente** e que a sua implementação não depende da consulta obrigatória de outros documentos normativos para a compreensão e aplicação dos seus requisitos.

- o Embora a ISO 37001 não tenha referências normativas, a norma **inclui uma bibliografia** que lista documentos que podem ser úteis para as organizações que implementam um SGAS, como outras normas ISO (por exemplo, ISO 9001, ISO 14001, ISO 19600, ISO 26000, ISO 31000, ISO/IEC 27001), convenções internacionais (como a Convenção das Nações Unidas contra a Corrupção), e outros guias de boas práticas.

- o Apesar de não existirem referências normativas, a ISO 37001:2016 **utiliza terminologia** que está alinhada com outras normas de sistemas de gestão ISO. Para esclarecimento sobre os termos e definições, a norma indica os endereços online das bases de dados terminológicas da ISO e da IEC.

- o A inexistência de referências normativas na ISO 37001 **não implica que as organizações não devam cumprir leis e regulamentos aplicáveis.** Pelo contrário, a norma enfatiza que o SGAS deve ser concebido para ajudar as organizações a cumprir as leis anti-suborno e os compromissos voluntários aplicáveis às suas atividades.

A Cláusula 2 da ISO 37001 destaca-se pela **ausência de referências normativas**, o que significa que a norma é autónoma e pode ser implementada sem a necessidade de consultar outros documentos normativos obrigatórios. No entanto, a norma encoraja as organizações a procurar outras fontes de informação e guias de boas práticas, que estão listados na bibliografia e que podem ser úteis para complementar a implementação do SGAS. A inexistência de referências normativas não desobriga as organizações de cumprir as leis e regulamentos anti-suborno aplicáveis.

Cláusula 3: Termos e definições

A Cláusula 3 apresenta uma série de **termos e definições** que são essenciais para a correta compreensão e implementação da norma ISO 37001. Estas definições estabelecem um entendimento comum sobre os conceitos-chave relacionados com a gestão anti-suborno.

Alguns dos termos mais importantes e suas definições, presentes na norma, incluem:

- **Organização** (3.2): Uma pessoa ou grupo de pessoas que tem as suas próprias funções com responsabilidades, autoridades e relações para atingir os seus objetivos. A noção de organização abrange entidades como empresas, corporações, firmas, autoridades, parcerias, instituições de caridade, entre outras, quer sejam incorporadas ou não, públicas ou privadas. Uma organização com várias unidades operacionais pode definir uma ou mais dessas unidades como organização.

- **Parte interessada** (3.3) / *Stakeholder*: Uma pessoa ou organização que pode afetar, ser afetada por, ou perceber-se como afetada por uma decisão ou atividade. Uma parte interessada pode ser interna ou externa à organização.

- **Requisito** (3.4): Uma necessidade que é declarada e obrigatória. No contexto dos sistemas de gestão ISO, um requisito é uma necessidade ou expectativa que é expressa, geralmente implícita ou obrigatória. Os requisitos "geralmente implícitos" não são aplicáveis no contexto da gestão anti-suborno.

- **Sistema de gestão** (3.5): Um conjunto de elementos inter-relacionados ou interativos de uma organização para estabelecer políticas e objetivos, e processos para alcançar esses objetivos. Um sistema de gestão pode abranger uma ou várias disciplinas.

- **Alta direção** (3.6): Pessoa ou grupo de pessoas que dirige e controla uma organização ao mais alto nível. A alta direção tem o poder de delegar autoridade e fornecer recursos dentro da organização.

- **Órgão de governação** (3.7): Um grupo ou órgão que tem a responsabilidade final e a autoridade sobre as atividades, estratégia e política de uma organização.

- **Função de conformidade anti-suborno** (3.8): Pessoa(s) com responsabilidade e autoridade para a operação do sistema de gestão anti-suborno.

- **Eficácia** (3.9): Extensão em que as atividades planeadas são realizadas e os resultados planeados são alcançados.

- **Política** (3.10): Intenções e direção de uma organização, tal como formalmente expressas pela sua alta direção ou pelo seu órgão de governação.

- **Objetivo** (3.11): Resultado a ser alcançado. Um objetivo pode ser estratégico, tático ou operacional. No contexto dos sistemas de gestão anti-suborno, os objetivos anti-suborno são definidos pela organização, em consonância com a política anti-suborno, para alcançar resultados específicos.

- **Risco** (3.12): Efeito da incerteza nos objetivos. Um efeito é um desvio do esperado, podendo ser positivo ou negativo. O risco é frequentemente caracterizado por referência a potenciais eventos e consequências, ou uma combinação destes. O risco é geralmente expresso em termos de uma combinação das consequências de um evento e da probabilidade associada de ocorrência.

- **Competência** (3.13): Capacidade de aplicar conhecimentos e habilidades para alcançar os resultados pretendidos.

- **Informação documentada** (3.14): Informação requerida para ser controlada e mantida por uma organização e o meio no qual está contida. A informação documentada pode ser em qualquer formato e meio, e de qualquer origem.

- **Processo** (3.15): Conjunto de atividades inter-relacionadas ou interativas que transforma entradas em saídas.

- **Desempenho** (3.16): Resultado mensurável. O desempenho pode ser relacionado com conclusões quantitativas ou qualitativas. O desempenho pode referir-se à gestão de atividades, processos, produtos (incluindo serviços), sistemas ou organizações.

- **Subcontratar** (3.17): Fazer um acordo onde uma organização externa realiza parte da função ou processo de uma organização.

- **Monitorização** (3.18): Determinar o estado de um sistema, um processo ou uma atividade. Para determinar o estado, pode ser necessário verificar, supervisionar ou observar criticamente.

- **Medição** (3.19): Processo para determinar um valor.

- **Auditoria** (3.20): Processo sistemático, independente e documentado para obter evidências de auditoria e avaliá-las objetivamente para determinar a extensão em que os critérios de auditoria são cumpridos. Uma auditoria pode ser uma auditoria interna (primeira parte) ou uma auditoria externa (segunda ou terceira parte) e pode ser uma auditoria combinada.

- **Suborno** (3.1): Oferecer, prometer, dar, aceitar ou solicitar uma vantagem indevida de qualquer valor (financeira ou não financeira), direta ou indiretamente, e independentemente da sua localização, em violação da lei aplicável, como um incentivo ou recompensa para uma pessoa que age ou se abstém de agir em relação ao desempenho das suas funções.

- **Associado de negócios** (3.26): Parte externa com quem a organização tem, ou planeia estabelecer, alguma forma de relação de negócios.

o A norma também define termos como **conformidade, não conformidade**, **ação corretiva**, **melhoria contínua** e **pessoal**.

o É importante notar que a ISO 37001 utiliza uma definição de "requisito" que não inclui as "necessidades ou expectativas geralmente implícitas". Isso significa que um requisito deve ser expresso de forma clara, seja num documento ou por outras formas.

A Cláusula 3 é crucial para garantir que todas as partes envolvidas na implementação do SGAS partilhem um entendimento comum sobre os conceitos-chave. As definições fornecidas nesta cláusula são fundamentais para a correta aplicação dos requisitos da norma e para a criação de um sistema de gestão anti-suborno eficaz.

Cláusula 4: Contexto da organização

A Cláusula 4 é composta por cinco sub cláusulas que abordam aspetos cruciais para a compreensão do ambiente em que a organização opera e como esse ambiente influencia o seu SGAS. Estas sub cláusulas são:

- 4.1 Compreender a organização e o seu contexto.
- 4.2 Compreender as necessidades e expetativas das partes interessadas.
- 4.3 Determinar o âmbito do sistema de gestão antissuborno.
- 4.4 Sistema de gestão antissuborno.
- 4.5 Avaliação do risco de suborno.

o **4.1 Compreender a organização e o seu contexto**: Esta sub cláusula exige que a organização **identifique os aspetos internos e externos que são relevantes para o seu propósito e que afetam a sua capacidade de atingir os objetivos do SGAS**. Estes aspetos incluem, mas não se limitam a:

- **Aspetos internos**:
- Tamanho, estrutura e autoridade de tomada de decisão delegada da organização.

▪ Natureza, escala e complexidade das atividades e operações da organização.

▪ Modelo de negócio da organização.

▪ Entidades sobre as quais a organização tem controlo e entidades que exercem controlo sobre a organização.

▪ Cultura, filosofia, ética e complexidade dos processos da organização.

▪ **Aspetos externos**:

▪ Localizações e setores em que a organização opera ou antecipa operar.

▪ Associados de negócio da organização.

▪ Natureza e extensão das interações com funcionários públicos.

▪ Obrigações e deveres estatutários, regulamentares, contratuais e profissionais aplicáveis.

▪ Aspetos sociais, tecnológicos, ambientais, éticos, políticos, legais e económicos.

▪ A norma enfatiza que a organização tem controlo sobre outra organização se controlar direta ou indiretamente a gestão dessa outra organização.

o **4.2 Compreender as necessidades e expetativas das partes interessadas**: A organização deve **determinar as partes interessadas que são relevantes para o SGAS e os seus requisitos**. As partes interessadas podem incluir clientes, funcionários, governos, investidores, acionistas, fornecedores e *venders*. É importante distinguir entre requisitos obrigatórios e expetativas não obrigatórias das partes interessadas.

o Os requisitos das partes interessadas relevantes a considerar são aqueles que podem afetar a capacidade da organização de fornecer produtos ou serviços que cumpram os requisitos do cliente e os requisitos estatutários e regulamentares aplicáveis.

o A organização deve monitorizar e rever informações relacionadas com as partes interessadas e os seus requisitos relevantes.

o **4.3 Determinar o âmbito do sistema de gestão antissuborno**: A organização deve **definir os limites e a aplicabilidade do SGAS para estabelecer o seu âmbito**. Ao determinar este âmbito, a organização deve considerar:

▪ Os aspetos externos e internos referidos em 4.1.

▪ Os requisitos referidos em 4.2.

▪ Os resultados da avaliação do risco de suborno referida em 4.5.

▪ O âmbito deve ser disponibilizado como informação documentada.

o O âmbito deve incluir os serviços cobertos pelo SGAS, e qualquer justificação para a não aplicação de algum requisito da norma. A organização pode também definir o âmbito do sistema de gestão para incluir atividades específicas.

o **4.4 Sistema de gestão antissuborno**: A organização deve **estabelecer, documentar, implementar, manter e rever continuamente, e, quando necessário, melhorar um SGAS**, incluindo os processos necessários e as suas interações, de acordo com os requisitos da norma.

▪ O SGAS deve incluir medidas para identificar, avaliar, prevenir, detetar e tratar os riscos de suborno.

▪ A organização pode optar por implementar o SGAS como um sistema separado ou como parte integrada de um sistema de gestão de conformidade geral.

o **4.5 Avaliação do risco de suborno**: A organização deve **realizar avaliações regulares do risco de suborno**, que devem identificar os riscos de suborno que a organização pode razoavelmente antecipar, tendo em conta os fatores mencionados em 4.1. A avaliação do risco de suborno deve:

▪ Analisar, avaliar e priorizar os riscos de suborno identificados.

▪ Avaliar a adequação e eficácia dos controlos existentes da organização para mitigar os riscos de suborno avaliados.

▪ Estabelecer critérios para avaliar o seu nível de risco de suborno, que deve ter em conta as políticas e objetivos da organização.

▪ Ser revista regularmente, para que as mudanças e novas informações possam ser avaliadas adequadamente.

▪ Ser revista em caso de alterações significativas na estrutura ou atividades da organização.

- A organização deve manter informação documentada que demonstre que a avaliação do risco de suborno foi conduzida e utilizada para conceber ou melhorar o SGAS.

A Cláusula 4 da ISO 37001 exige que as organizações compreendam profundamente o seu contexto, tanto interno como externo, bem como as necessidades e expetativas das suas partes interessadas. Esta compreensão é crucial para a definição do âmbito do SGAS e para a realização de avaliações de risco de suborno que sejam adequadas à realidade específica de cada organização. A Cláusula 4 estabelece assim as bases para a implementação de um SGAS eficaz e adaptado ao contexto de cada organização.

Cláusula 5: Liderança

A **Cláusula 5 da ISO 37001** é dedicada à **liderança e ao compromisso da alta gestão** no estabelecimento, implementação, manutenção e melhoria contínua do Sistema de Gestão Antissuborno (SGAS). Esta cláusula enfatiza que a eficácia de um SGAS depende fortemente do exemplo e envolvimento da liderança da organização. A liderança deve demonstrar o seu compromisso através de diversas ações e responsabilidades.

- **5.1 Liderança e Compromisso**

o Esta sub cláusula divide as responsabilidades de liderança entre o **órgão de governação** (se existir) e a **alta gestão.**

o **5.1.1 Órgão de Governação**:

- O órgão de governação, quando existente, deve **demonstrar liderança e compromisso** em relação ao SGAS. Isto inclui:

- **Aprovar a política antissuborno** da organização.

- Assegurar que a **estratégia da organização e a política antissuborno estejam alinhadas.**

- Receber e **analisar informações sobre o conteúdo e a operação do SGAS.**

- Garantir que são **alocados recursos adequados e apropriados** para a operação eficaz do SGAS.

- Exercer uma **supervisão razoável sobre a implementação do SGAS** pela alta gestão e sobre a sua eficácia.

- Caso a organização não possua um órgão de governação, estas responsabilidades recaem sobre a **alta gestão.**

o **5.1.2 Alta Gestão:**

- A alta gestão deve demonstrar liderança e compromisso com o SGAS através de várias ações:

- Assegurar que o SGAS, incluindo a **política e os objetivos, seja estabelecido, implementado, mantido e revisto** para abordar adequadamente os riscos de suborno.

- **Comunicar internamente a importância da gestão eficaz do combate ao suborno.**

- Assegurar a **disponibilidade de recursos adequados e apropriados** para o funcionamento eficaz do SGAS.

- **Promover uma cultura antissuborno** apropriada dentro da organização.

▪ Apoiar outras funções de gestão relevantes a **demonstrar a sua liderança** na prevenção e deteção de suborno nas suas áreas de responsabilidade.

▪ **Incentivar o uso de procedimentos de denúncia** para suspeitas e casos reais de suborno.

▪ Garantir que **nenhum colaborador sofra retaliação, discriminação ou ação disciplinar** por reportar de boa-fé ou com base em crenças razoáveis, violações da política antissuborno, ou por se recusar a participar em suborno.

▪ Assegurar que **os requisitos do SGAS são integrados nos processos da organização.**

▪ Assegurar que a **política antissuborno** seja **disponibilizada, comunicada, mantida e compreendida** por todas as partes.

· **5.2 Política Antissuborno**

○ A alta gestão deve **estabelecer, manter e rever uma política antissuborno.** Esta política deve:

▪ **Proibir o suborno** e exigir o cumprimento das leis antissuborno aplicáveis à organização.

▪ Ser **adequada ao propósito da organização** e fornecer uma estrutura para definir, analisar e alcançar os objetivos antissuborno.

▪ Incluir um **compromisso de satisfazer os requisitos do SGAS.**

- **Incentivar o levantamento de preocupações de boa-fé ou com base numa crença razoável em confiança** sem medo de represálias.

- Conter um **compromisso com a melhoria contínua do SGAS.**

- Explicar as **consequências de não cumprimento da política antissuborno.**

- Estar disponível como **informação documentada** e ser comunicada em línguas apropriadas dentro da organização e aos associados de negócio que representem mais do que um baixo risco de suborno.

- Ser disponibilizada às partes interessadas relevantes, conforme apropriado.

- Explicar a **autoridade e independência da função de conformidade antissuborno.**

· **5.3 Funções, Responsabilidades e Autoridades Organizacionais**

o Esta sub cláusula define as responsabilidades e autoridades dentro da organização para garantir a implementação e eficácia do SGAS.

o **5.3.1 Funções e Responsabilidades**:

- A **alta gestão** deve ter a **responsabilidade geral pela implementação e conformidade** com o SGAS.

- As responsabilidades e autoridades para as funções relevantes devem ser **atribuídas e comunicadas** em todos os níveis da organização.

- Os gestores em todos os níveis devem ser **responsáveis por garantir que os requisitos do SGAS sejam aplicados e cumpridos** nos seus departamentos ou funções.

- O órgão de governação (se existir), a alta gestão e todo o pessoal devem ser **responsáveis por compreender, cumprir e aplicar os requisitos do SGAS** relevantes para as suas funções.

o **5.3.2 Função de Conformidade Antissuborno**:

- A alta gestão deve **atribuir a uma função de conformidade antissuborno** a responsabilidade e autoridade para supervisionar o design e a implementação do SGAS.

- Esta função deve ser responsável por:

- **Supervisionar o design e a implementação** do SGAS pela organização.

- **Fornecer aconselhamento e orientação** ao pessoal sobre o SGAS e questões relacionadas com suborno.

- Garantir a **conformidade com os requisitos da ISO 37001.**

- **Reportar o desempenho do SGAS** ao órgão de governação e à alta gestão.

- A função de conformidade antissuborno deve ser **adequadamente financiada e atribuída a pessoas com competência, estatuto, autoridade e independência apropriados.**

- Esta função deve ter **acesso direto e imediato ao órgão de governação (se existir) e à alta gestão.**

- A alta gestão pode **atribuir parte ou toda a função de conformidade antissuborno a pessoas externas à organização**, garantindo que o pessoal específico tenha responsabilidade e autoridade sobre essas partes atribuídas externamente.

o **5.3.3 Delegação de Tomada de Decisão**:

- Quando a alta gestão delega a tomada de decisão, tal não a isenta das suas responsabilidades.

- A delegação de tomada de decisão não transfere necessariamente as potenciais responsabilidades legais para o pessoal delegado.

- O nível de autoridade para tomada de decisão deve ser **apropriado e livre de conflitos de interesses.**

- Os processos e conformidades devem ser **revistos periodicamente pela alta gestão.**

A Cláusula 5 enfatiza que a liderança e o compromisso da alta gestão são cruciais para o sucesso de um SGAS. A liderança não só estabelece as políticas e os objetivos, mas também cria uma cultura de integridade e responsabilização em todos os níveis da organização, demonstrando um compromisso ativo com a prevenção do suborno.

A liderança deve garantir que o SGAS esteja integrado em todos os processos da organização, fornecendo recursos adequados e incentivando a denúncia de preocupações, criando uma cultura de ética e conformidade.

Cláusula 6: Planeamento

A **Cláusula 6 da ISO 37001** aborda o **planeamento do Sistema de Gestão Anti-suborno (SGAS)**, enfatizando a necessidade de uma abordagem proativa na identificação e gestão de riscos e oportunidades relacionados com o suborno. Este planeamento deve estar alinhado com a política anti-suborno e com os objetivos da organização.

6.1 Ações para abordar riscos e oportunidades

○ Ao planear o SGAS, a organização deve considerar:

▪ **As questões internas e externas** relevantes para o seu contexto.

▪ **Os requisitos das partes interessadas.**

▪ Os **riscos de suborno identificados** através da avaliação de riscos.

▪ **As oportunidades para melhoria** do SGAS.

○ A organização deve **planear ações para abordar esses riscos e oportunidades**, garantindo que o SGAS possa atingir os seus objetivos. Estas ações devem incluir:

▪ **A integração e implementação destas ações** nos processos do SGAS.

▪ A **avaliação da eficácia destas ações.**

○ O planeamento de ações deve ser **proporcional ao impacto potencial** dos riscos. A organização pode categorizar os riscos em diferentes níveis (baixo a alto), e deve evitar atividades de alto risco que não possam ser geridas.

○ A organização deve ter uma **abordagem proativa e de gestão** para a melhoria contínua do SGAS.

· **6.2 Objetivos Anti-suborno e Planeamento para os Atingir**

○ A organização deve estabelecer **objetivos do SGAS** em todas as funções e níveis relevantes. Estes objetivos devem ser:

▪ **Consistentes com a política anti-suborno.**

▪ **Mensuráveis** (sempre que praticável).

▪ Ter em consideração os **fatores aplicáveis referidos em 4.1**, os requisitos referidos em 4.2 e os **riscos de suborno identificados em 4.5**.

▪ **Alcançáveis.**

▪ **Monitorizados.**

▪ **Comunicados.**

▪ **Atualizados**, conforme apropriado.

○ Ao planear como atingir os seus objetivos do SGAS, a organização deve determinar:

- **O que será feito.**
- **Quais os recursos necessários.**
- **Quem será responsável.**
- **Quando os objetivos serão atingidos.**
- **Como os resultados serão avaliados e reportados.**
- **Quem imporá sanções ou penalidades.**

○ A organização deve **reter informação documentada sobre os objetivos do SGAS.**

A Cláusula 6 enfatiza a importância de um **planeamento robusto e proativo para a gestão eficaz do risco de suborno**. A organização deve identificar e analisar riscos e oportunidades, estabelecendo objetivos claros e mensuráveis, e implementando ações para garantir que o SGAS possa atingir os seus objetivos. O planeamento deve ser dinâmico, permitindo que a organização se adapte às mudanças internas e externas e promova a melhoria contínua do SGAS. A avaliação da eficácia das ações implementadas é crucial para o sucesso do SGAS.

Cláusula 7: Suporte

A **Cláusula 7 da ISO 37001** foca-se nos **recursos necessários** para o estabelecimento, implementação, manutenção e melhoria contínua do Sistema de Gestão Antissuborno (SGAS). Esta cláusula abrange a disponibilização de recursos, a definição de competências, a formação e sensibilização, a comunicação e a gestão da informação documentada.

· **7.1 Recursos**

○ A organização deve **determinar e disponibilizar os recursos** necessários para o estabelecimento, implementação, manutenção e melhoria contínua do SGAS.

○ Estes recursos podem incluir **recursos financeiros, humanos, tecnológicos e de infraestrutura**.

○ É crucial que a organização identifique quais recursos são necessários para garantir a operação eficaz do SGAS, tanto **interna como externamente**.

○ A **alocação adequada de recursos** é vital para garantir a conformidade dos serviços e satisfazer os requisitos dos clientes.

○ Os recursos humanos devem ser suficientes para aplicar tempo adequado às suas responsabilidades antissuborno, incluindo a alocação de pessoal adequado à **função de conformidade antissuborno**.

· **7.2 Competência**

○ **7.2.1 Geral**

- A organização deve **determinar a competência necessária** para as pessoas que realizam trabalhos sob o seu controlo e que afetam o desempenho do SGAS.

- A organização deve garantir que essas pessoas são **competentes com base em educação, formação ou experiência apropriadas**.

- A organização deve tomar **ações para adquirir e manter a competência necessária** e avaliar a eficácia dessas ações.

- A organização deve **reter informação documentada** apropriada como evidência de competência.

- A competência engloba a **educação, formação, experiência** e a **capacidade de aprender e desempenhar o papel** de forma apropriada.

○ **7.2.2 Processo de Emprego**

- A organização deve implementar procedimentos para garantir que todos os seus colaboradores:

- **Cumpra a política antissuborno e o SGAS**, sob condições de emprego.

- Receba formação sobre a política antissuborno num prazo razoável após o início do seu emprego.

- Assine uma declaração de conformidade antissuborno em intervalos razoáveis.

- O pessoal (incluindo a alta gestão e o órgão de governação) deve **declarar a sua conformidade com a política antissuborno**, confirmando a sua adesão a ela.

▪ A organização deve assegurar que **nenhum colaborador sofra retaliação** por reportar de boa-fé ou com base em crenças razoáveis violações da política antissuborno ou por recusar participar em suborno.

○ A organização deve **realizar a devida diligência** em relação ao pessoal.

7.3 Sensibilização e Formação

○ A organização deve **fornecer sensibilização e formação antissuborno** adequadas e apropriadas ao seu pessoal.

○ Esta formação deve **abordar as questões apropriadas**, tendo em conta os resultados da avaliação de risco de suborno.

○ Os tópicos abordados devem incluir:

▪ A **política antissuborno da organização.**

▪ As **responsabilidades** do pessoal.

▪ O **processo de reporte de preocupações.**

▪ As **consequências** do suborno.

○ A formação deve ser fornecida de forma **regular e em intervalos planeados**, adequados aos riscos e às funções do pessoal.

○ A organização deve também implementar procedimentos para sensibilização e formação dos **associados de negócios que representam mais do que um baixo risco de suborno.**

•

A organização deve **manter registos de formação**, incluindo o conteúdo, datas e a quem foi ministrada.

· A **sensibilização e formação** para os associados de negócios pode ser comunicada através de **requisitos contratuais ou similares.**

· **7.4 Comunicação**

○ A organização deve **estabelecer, implementar e manter os processos** necessários para as comunicações internas e externas relevantes para o SGAS.

○ A organização deve **determinar o que comunicar, quando comunicar, com quem comunicar, como comunicar** e quem é responsável pela comunicação.

○ A comunicação pode incluir:

- **Reuniões internas.**
- **Reuniões com clientes.**
- **Reuniões com fornecedores.**

•

A organização deve usar **canais de comunicação internos e externos apropriados.**

- **7.5 Informação Documentada**

  - **7.5.1 Geral**

    - O SGAS deve incluir a **informação documentada** exigida pela norma ISO 37001 e outras informações que a organização considere necessárias.

    - A informação documentada pode ser mantida **separadamente** como parte do SGAS ou como parte de outros sistemas de gestão.

  - **7.5.2 Criação e Atualização**

    - Ao criar e atualizar informação documentada, a organização deve garantir:

    - **Identificação e descrição apropriadas** (título, data, autor, número de referência).

    - **Formato apropriado** (linguagem, versão do software, gráficos, meio de armazenamento)

    - **Revisão e aprovação apropriadas** para adequação e adequação.

  - **7.5.3 Controlo da Informação Documentada**

    - A informação documentada deve ser **controlada** para garantir que esteja disponível e adequada para utilização quando e onde for necessária.

    - A informação deve ser **adequadamente protegida** contra perda de confidencialidade, uso indevido ou perda de integridade.

- O controlo da informação documentada deve incluir:

- **Distribuição, acesso, recuperação e utilização.**

- **Armazenamento e preservação**, incluindo a preservação da legibilidade.

- **Controlo de alterações** (controlo de versões).

- **Retenção e descarte.**

- A informação documentada de origem externa deve ser **identificada e controlada.**

○ O **acesso** à informação documentada pode implicar uma **decisão sobre a permissão** para apenas visualizar ou também para alterar a informação.

A Cláusula 7 sublinha a importância de disponibilizar **recursos adequados**, assegurar a **competência do pessoal**, promover a **sensibilização e formação**, manter uma **comunicação eficaz** e gerir adequadamente a **informação documentada**. Ao fazer isso, a organização cria uma base sólida para a implementação eficaz e a melhoria contínua do seu SGAS. A gestão eficaz destes elementos de suporte é essencial para que o SGAS opere de forma eficiente e atinja os seus objetivos de prevenção e deteção de suborno.

Cláusula 8: Operação

A **Cláusula 8 da ISO 37001** aborda a implementação dos **processos operacionais necessários para cumprir os requisitos do Sistema de Gestão Antissuborno (SGAS)** e para implementar as ações determinadas no planeamento. Esta cláusula detalha as ações que a organização deve tomar para controlar os riscos de suborno no seu dia-a-dia.

· **8.1 Planeamento e Controlo Operacional**

○ A organização deve **planear, implementar, rever e controlar os processos** necessários para cumprir os requisitos do SGAS e implementar as ações determinadas em 6.1.

○ Este planeamento deve incluir:

▪ **Estabelecer critérios** para os processos.

▪ **Implementar o controlo** dos processos de acordo com os critérios.

▪ Manter **informação documentada** na medida do necessário para garantir que os processos foram realizados conforme o planeado.

○ Os processos devem incluir os **controles específicos referidos** nas sub cláusulas 8.2 a 8.10.

○ A organização deve **controlar as alterações planeadas** e rever as consequências de alterações não intencionais, tomando medidas para mitigar quaisquer efeitos adversos.

○ A organização deve **garantir que os processos subcontratados** são controlados.

· **8.2 Devida Diligência**

○ A organização deve realizar a **devida diligência** quando a avaliação de risco de suborno (4.5) indicar um risco mais do que baixo em relação a:

▪ **Categorias específicas** de transações, projetos ou atividades.

▪ **Relações planeadas ou em curso** com categorias específicas de associados de negócio.

▪ **Categorias específicas** de pessoal em determinadas posições.

○ A devida diligência deve **avaliar a natureza e extensão do risco** de suborno nestas situações.

○ A devida diligência deve ser **atualizada numa frequência definida**, para que as mudanças e novas informações sejam tidas em conta.

○ A organização pode concluir que é **desnecessário ou desproporcionado** realizar a devida diligência em certas categorias de pessoal ou associados de negócio.

8.3 Controles Financeiros

○ A organização deve **implementar controles financeiros** que gerenciem o risco de suborno.

○ Estes controlos devem incluir:

▪ **Processos de aprovação** de despesas.

▪ **Auditoria e rastreamento** de despesas.

▪ **Implementação de métodos de controlo de caixa eficazes** e limitação do uso de dinheiro.

▪ **Categorização e descrição precisas** de transações.

○ A organização deve rever e atualizar estes controlos periodicamente.

8.4 Controles Não Financeiros

○ A organização deve **implementar controles não financeiros** que gerenciem o risco de suborno em áreas como:

▪ **Aquisições.**

▪ **Operações.**

▪ **Vendas.**

▪ **Comercial.**

▪ **Recursos humanos.**

▪ **Atividades legais e regulamentares.**

○ Exemplos de controles não financeiros incluem:

▪ **Processos de seleção** de fornecedores.

▪ **Separação de funções** na aprovação de contratos.

▪ **Proteção da integridade** de concursos e outras informações sensíveis.

A organização deve rever e atualizar estes controlos periodicamente.

8.5 Implementação de Controles Antissuborno por Organizações Controladas e por Associados de Negócio

○ 8.5.1 Organizações Controladas

▪ A organização deve implementar procedimentos que exijam que todas as outras organizações sobre as quais tem controlo implementem:

▪ O **sistema de gestão antissuborno da organização**, ou

▪ Os **seus próprios controlos antissuborno.**

▪ Em cada caso, apenas na medida do que é razoável e proporcional aos riscos de suborno enfrentados pelas organizações controladas.

○ 8.5.2 Associados de Negócio

▪ Em relação aos associados de negócio não controlados, a organização deve implementar procedimentos para verificar se:

▪ Os associados de negócio têm implementados **controlos antissuborno apropriados** que gerem o risco de suborno relevante.

▪ A organização deve tomar medidas adicionais se o associado de negócio representar mais do que um baixo risco.

▪ Os controlos implementados pelo associado de negócio auxiliam na **mitigação do risco de suborno**.

▪ A organização deve verificar se os controlos são **adequadamente implementados** pelo associado de negócio e que são **proporcionais ao risco**.

▪ Os controlos implementados pelo associado devem ser **relevantes para as transações** entre o associado e a organização, não necessariamente para todos os riscos do associado.

8.6 Compromissos Antissuborno

○ A organização deve implementar procedimentos que exijam que:

▪ A organização se **comprometa a prevenir o suborno** nas suas relações com associados de negócio.

▪ A organização possa **terminar a relação** com o associado de negócio em caso de suborno.

▪ A organização deve rever as relações, atividades ou projetos se a gestão de risco de suborno não for possível.

8.7 Dádivas, Hospitalidade, Doações e Benefícios Similares

○ A organização deve implementar procedimentos para **prevenir a oferta, provisão ou aceitação de dádivas, hospitalidade, doações e benefícios similares** que constituam ou possam ser percebidos como suborno.

8.8 Gestão da Inadequação dos Controlos Antissuborno

● Caso a organização não possa gerir o risco de suborno, a relação, projeto ou contrato deve ser revisto e, se viável, retirado ou declinado.

● A organização deve **adiar ou recusar um novo negócio** se a devida diligência revelar um risco de suborno inaceitável.

8.9 Levantamento de Preocupações

○ A organização deve implementar procedimentos que incentivem e permitam que as pessoas reportem, **de boa-fé ou com base em crenças razoáveis**:

▪ **Tentativas ou atos de suborno**.

▪ **Violações da política antissuborno** ou do SGAS.

▪ **Preocupações** sobre outras questões.

○ A organização deve proteger os denunciantes de retaliação, discriminação ou ações disciplinares.

○ Os canais de reporte devem ser confidenciais e facilmente acessíveis.

○ A organização pode usar um associado de negócio para gerir o sistema de reporte.

○ A organização deve documentar a sua incapacidade de cumprir os requisitos desta sub cláusula, se estes forem proibidos por lei.

•

8.10 Investigação e Tratamento do Suborno

○ A organização deve implementar procedimentos para a **avaliação e investigação de qualquer suborno ou violação da política antissuborno** que seja reportado, detetado ou razoavelmente suspeito.

○ Estes procedimentos devem incluir ações apropriadas caso a investigação revele qualquer suborno ou violação da política antissuborno.

○ A organização deve garantir a **independência da investigação.**

○ O relatório da investigação deve ser apresentado a pessoas que não fazem parte da função que está a ser investigada.

○ A organização pode nomear um associado de negócio para conduzir a investigação.

○ A organização deve documentar a sua incapacidade de cumprir os requisitos desta sub cláusula, se estes forem proibidos por lei.

A Cláusula 8 é fundamental para a **implementação prática do SGAS**, exigindo que a organização não só planeie como também execute controlos eficazes para mitigar o risco de suborno. A organização deve aplicar **devida diligência**, implementar **controles financeiros e não financeiros**, gerir as suas relações com **organizações controladas e associados de negócio**, e ter mecanismos robustos para **levantar preocupações e investigar casos de suborno**. A implementação rigorosa destes requisitos garante que o SGAS não é apenas um sistema no papel, mas um conjunto de práticas vivas e eficazes na gestão dos riscos de suborno no dia-a-dia da organização.

Cláusula 9: Avaliação de Desempenho

A **Cláusula 9 da ISO 37001** aborda a monitorização, medição, análise e avaliação do sistema de gestão anti-suborno (SGAS). O objetivo principal desta cláusula é garantir que o SGAS é eficaz, adequado e está a ser implementado corretamente. A avaliação do desempenho é fundamental para identificar áreas que necessitam de melhorias e para garantir a melhoria contínua do sistema.

9.1 Monitorização, Medição, Análise e Avaliação

- A organização deve determinar o que precisa de ser **monitorizado e medido.**

- Deve definir quem é o **responsável pela monitorização.**

- A organização precisa estabelecer os **métodos de monitorização, medição, análise e avaliação**, para garantir resultados válidos.

- É necessário determinar **quando** a monitorização e a medição devem ser realizadas.

- A organização deve definir **quando** os resultados da monitorização e medição devem ser analisados e avaliados.

- Deve estabelecer **a quem e como** esta informação será reportada.

- A organização deve reter **informação documentada** como prova dos métodos e resultados.

- A organização deve **avaliar o desempenho anti-suborno**, bem como a eficácia e eficiência do SGAS.

○ A avaliação do desempenho do SGAS deve incluir o uso de **Indicadores Chave de Desempenho (KPIs)** para avaliar a eficácia das medidas anti-suborno. Os KPIs podem incluir o número de incidentes reportados, a percentagem de empregados treinados e a frequência de atividades de sensibilização.

○ A monitorização e medição devem ser **contínuas e regulares**, permitindo à organização adaptar-se a riscos e circunstâncias em mudança.

○ Deve ser realizada uma **autoavaliação** periódica para avaliar a eficácia do sistema de gestão anti-suborno.

○ A organização deve avaliar o impacto das campanhas de sensibilização, do envolvimento dos funcionários, da avaliação de risco de suborno, e dos relatórios dos denunciantes.

•

9.2 Auditoria Interna

○ A organização deve realizar **auditorias internas** a intervalos planeados.

○ Estas auditorias devem fornecer informação sobre se o SGAS está em conformidade com os requisitos da organização e com os requisitos da norma ISO 37001.

○ A organização deve assegurar que as auditorias internas são **implementadas e mantidas de forma eficaz.**

○ É necessário **planear, estabelecer, implementar e manter um programa de auditoria** que inclua a frequência, os métodos, as responsabilidades, os requisitos de planeamento e o reporte.

○ O programa de auditoria deve considerar a **importância dos processos** e os **resultados de auditorias anteriores.**

○ A organização deve **definir os critérios e o âmbito** de cada auditoria.

○ É necessário **selecionar auditores competentes** e realizar auditorias que garantam a objetividade e a imparcialidade do processo.

○ Os resultados das auditorias devem ser **reportados à gestão relevante**, à função de conformidade anti-suborno, à alta gestão e, se aplicável, ao órgão de governo.

○ As auditorias devem ser **razoáveis, proporcionais e baseadas no risco.**

○ Os auditores não devem auditar a sua própria área de trabalho.

○ A organização deve reter informação documentada como prova da implementação do programa de auditoria e dos resultados.

○ As auditorias internas ajudam a **identificar áreas para melhoria** e a assegurar a conformidade com as medidas anti-suborno.

9.3 Revisão pela Gestão

○ A **alta gestão** deve rever o SGAS da organização a intervalos planeados.

○ O objetivo da revisão é **garantir a contínua adequação, suficiência e eficácia** do sistema.

○ A revisão deve incluir a **consideração do estado das ações de revisões de gestão anteriores.**

○ A revisão deve abranger **mudanças em questões internas e externas** relevantes para o SGAS.

○ A revisão deve incluir **informação sobre o desempenho do SGAS**, incluindo as tendências de:

▪ Não conformidades e ações corretivas.

▪ Resultados da monitorização e medição.

▪ Resultados de auditorias.

▪ Relatórios de suborno.

▪ Investigações.

▪ A natureza e extensão dos riscos de suborno enfrentados pela organização.

○ A revisão deve incluir a **eficácia das ações tomadas para abordar os riscos de suborno** e oportunidades de melhoria contínua.

○ Os resultados da revisão pela gestão devem incluir **decisões relacionadas com oportunidades de melhoria contínua** e qualquer necessidade de mudanças no SGAS.

○ A revisão deve ser realizada pelo **órgão de governo** com base em informações fornecidas pela alta gestão.

○ A organização deve reter **informação documentada** como prova dos resultados das revisões do órgão de governo.

9.4 Revisão pela Função de Conformidade Anti-suborno

○ A função de conformidade anti-suborno deve **avaliar continuamente** se o SGAS é adequado, suficiente e eficaz.

○ Esta avaliação deve ser feita com base em informação da alta gestão e da função de conformidade, bem como outra informação solicitada.

○ A função de conformidade anti-suborno deve avaliar continuamente se os **controlos anti-suborno** implementados são adequados e eficazes para gerir o risco de suborno.

A Cláusula 9 é essencial para garantir que o SGAS não se torna estático e ineficaz. Através da **monitorização, medição, análise, avaliação, auditorias internas, revisões da gestão e revisões da função de conformidade**, a organização pode identificar as áreas que necessitam de melhoria, assegurar que o SGAS está a funcionar como pretendido e que continua a ser relevante e eficaz. A **melhoria contínua** do SGAS é alcançada através da análise das métricas de desempenho e da implementação de ações corretivas e preventivas, tal como é definido na Cláusula 10.

Cláusula 10: Melhoria

A **Cláusula 10 da ISO 37001** é dedicada à melhoria contínua do SGAS. Esta cláusula é crucial para garantir que o sistema não só seja implementado, mas que também evolua e se adapte às mudanças nas circunstâncias e nos riscos de suborno que a organização enfrenta. A melhoria contínua é um processo dinâmico que visa aumentar a eficácia, a adequação e a conveniência do SGAS ao longo do tempo.

10.1 Não Conformidade e Ação Corretiva

○ A organização deve **reagir prontamente** a qualquer não conformidade que ocorra.

○ É necessário **tomar ações para controlar e corrigir a não conformidade.**

○ A organização deve **lidar com as consequências** da não conformidade.

○ Deve ser avaliada a necessidade de **ação para eliminar as causas** da não conformidade.

○ A organização deve **analisar a não conformidade**, determinar as suas causas e verificar se existem não conformidades semelhantes ou se podem ocorrer.

○ É essencial **implementar qualquer ação necessária** para evitar a recorrência da não conformidade.

○ A organização deve **rever a eficácia** de qualquer ação corretiva tomada.

○ As ações corretivas devem ser **apropriadas aos efeitos** das não conformidades encontradas.

○ A organização deve **reter informação documentada** como evidência da natureza das não conformidades, das ações subsequentes tomadas e dos resultados de qualquer ação corretiva.

○ As **ações corretivas** devem contribuir para a **melhoria contínua** do sistema.

○ As não conformidades podem ser identificadas através de **auditorias internas, relatórios de incidentes ou outros mecanismos.**

○ É preciso realizar uma **análise da causa raiz** para compreender as razões subjacentes das não conformidades.

○ As ações corretivas devem ser implementadas de forma a **abordar os problemas imediatos** e a prevenir a sua recorrência.

•

10.2 Melhoria Contínua

○ A organização deve **melhorar continuamente** a adequação, a suficiência e a eficácia do SGAS.

○ A melhoria contínua é um **princípio chave** da ISO 37001.

○ A organização deve **analisar os resultados** das avaliações para determinar se há necessidade ou oportunidade de mudar o SGAS.

○ As mudanças nos elementos individuais do sistema de gestão devem ter em conta a **dependência e o impacto** dessas mudanças na eficácia do sistema como um todo.

○ As melhorias do SGAS devem ser realizadas de forma **planeada**, considerando o propósito das mudanças, as suas potenciais consequências, a integridade do SGAS, a disponibilidade de recursos e a alocação de responsabilidades.

○ A melhoria contínua é um **processo recorrente** para aumentar o desempenho.

○ As atividades de melhoria contínua devem **adaptar o sistema** aos riscos de suborno e mudanças regulamentares.

○ A organização deve monitorizar o **desenvolvimento da competência e os níveis de sensibilização** dentro da organização para identificar áreas de melhoria.

○ É preciso **definir KPIs** para medir a eficácia das atividades de desenvolvimento de competências e sensibilização.

○ As estratégias de desenvolvimento de competências e sensibilização devem ser **revistas e refinadas** continuamente com base no feedback, nas lições aprendidas e nos riscos de suborno emergentes.

○ As ações de melhoria devem ser **registadas e documentadas**.

Implementação da Melhoria

○ As melhorias no SGAS devem ser realizadas de forma planeada, considerando:

- O **propósito das mudanças** e as suas potenciais consequências.

- A **integridade do SGAS.**

- A **disponibilidade de recursos.**

- A **alocação ou realocação de responsabilidades e autoridades.**

- O **ritmo, a extensão e o prazo** de implementação das mudanças.

  - As melhorias decorrentes de medidas tomadas em reação a qualquer não conformidade e resultantes de melhorias contínuas devem ser realizadas sob a mesma abordagem.

  - Os **resultados da análise de causa raiz** e das atividades de ação corretiva e preventiva devem informar os esforços contínuos da organização para melhorar os seus programas de conformidade e os controlos internos.

A Cláusula 10 da ISO 37001, com foco na melhoria, é essencial para assegurar que o SGAS não só responda às necessidades atuais da organização, mas que também **se adapte e melhore continuamente** para mitigar eficazmente os riscos de suborno num ambiente em constante mudança. Através de uma gestão eficaz das não conformidades, ações corretivas e um compromisso com a melhoria contínua, a organização pode fortalecer a sua cultura de integridade e garantir a conformidade com a norma. A **revisão contínua e a adaptação** do SGAS são fundamentais para o sucesso a longo prazo e para a manutenção de um ambiente ético e transparente.

Módulo 4: Contexto da Organização

A **Cláusula 4 da ISO 37001** é fundamental para o estabelecimento e manutenção de um Sistema de Gestão Anti-suborno (SGAS) eficaz. Esta cláusula exige que a organização compreenda o seu contexto interno e externo, identifique as necessidades e expectativas das partes interessadas, defina o âmbito do SGAS e realize uma avaliação de risco de suborno. Esta compreensão abrangente é essencial para garantir que o SGAS seja relevante e adaptado às circunstâncias específicas da organização.

Compreensão da organização e seu contexto

Esta sub cláusula exige que a organização determine as **questões externas e internas** que são relevantes para o seu propósito e que afetem a sua capacidade de alcançar os objetivos do seu sistema de gestão antissuborno. Esta análise deve ser abrangente e deve considerar todos os fatores que podem influenciar o risco de suborno da organização.

Análise de Questões Internas

A análise das questões internas envolve a avaliação do ambiente dentro da organização. Isso inclui a cultura, os valores, a estrutura e os processos internos. Os seguintes elementos devem ser considerados:

- **Tamanho, estrutura e autoridade de tomada de decisão**: A dimensão, a estrutura hierárquica e a forma como as decisões são delegadas impactam a capacidade da organização de controlar os riscos de suborno. Uma organização pequena com gestão centralizada pode ter mais facilidade em controlar os seus riscos, enquanto uma organização grande com estrutura descentralizada pode enfrentar mais desafios.

- **Localizações e setores em que a organização opera ou planeia operar**: A análise das localizações geográficas e dos setores de atividade da organização é crucial para identificar áreas de maior risco de suborno. Regiões ou setores com maior índice de corrupção podem exigir um nível mais elevado de controlos.
- **Natureza, escala e complexidade das atividades e operações**: A natureza das atividades da organização, a sua escala e a complexidade das operações têm um impacto significativo nos riscos de suborno. Algumas atividades, como projetos de construção em grande escala ou acordos de compensação, podem apresentar riscos de suborno mais elevados.
- **Modelo de negócio da organização**: O modelo de negócio da organização influencia os seus riscos de suborno. A forma como a organização gera receita, interage com clientes e fornecedores e realiza suas atividades pode expô-la a diferentes tipos de riscos de suborno.
- **Entidades sobre as quais a organização tem controlo e entidades que exercem controlo sobre a organização**: É fundamental identificar as entidades sobre as quais a organização exerce controlo direto ou indireto, bem como as entidades que exercem controlo sobre a própria organização. Isso inclui subsidiárias, joint ventures e outras formas de parceria.
- **Associados de negócios da organização**: Os associados de negócios, tais como agentes, intermediários e consultores, são uma fonte potencial de risco de suborno. É importante avaliar os riscos associados a cada associado de negócios e implementar controlos adequados.
- **Natureza e extensão das interações com funcionários públicos**: A natureza e a frequência das interações com funcionários

públicos são um fator de risco de suborno. Transações com o setor público, como a participação em concursos públicos, podem envolver um maior risco.

- **Cultura, filosofias, ética e ideologias**: A cultura da organização e os seus valores têm um impacto significativo no risco de suborno. Uma cultura que promova a ética e a integridade pode reduzir os riscos.
- **Complexidade dos processos e estrutura organizacional**: A complexidade dos processos internos e a estrutura organizacional podem aumentar ou diminuir os riscos de suborno. Processos claros e transparentes, juntamente com uma estrutura organizacional bem definida, podem reduzir os riscos.
- **Abordagem à governação**: A forma como a organização é gerida e controlada influencia o risco de suborno. Boas práticas de governação, incluindo transparência e responsabilidade, são essenciais.
- **Relações contratuais com clientes**: Os termos dos contratos com os clientes podem ter um impacto no risco de suborno. É importante garantir que os contratos sejam claros, transparentes e conformes com os requisitos legais e éticos.
- **Relação com as partes interessadas**: A forma como a organização interage com as suas partes interessadas pode afetar o risco de suborno. É preciso entender as necessidades e expectativas das partes interessadas e construir relações baseadas na confiança e no respeito.

Análise de Questões Externas

A análise das questões externas envolve a avaliação do ambiente fora da organização. Isso inclui fatores sociais, tecnológicos, ambientais, éticos, políticos, legais e económicos. Os seguintes elementos devem ser considerados:

- **Obrigações estatutárias, regulamentares, contratuais e profissionais aplicáveis**: A organização deve estar ciente de todas as leis, regulamentos, contratos e obrigações profissionais que podem afetar os seus riscos de suborno. O não cumprimento destas obrigações pode resultar em sanções legais e danos à reputação.

- **Regulamentação governamental e mudanças na lei**: As mudanças nas leis e regulamentos governamentais podem ter um impacto significativo no risco de suborno. A organização deve manter-se atualizada sobre as mudanças legais e ajustar o seu SGAS em conformidade.
- **Mudanças económicas no mercado da organização**: As mudanças económicas, como a inflação, a recessão ou as flutuações cambiais, podem afetar o risco de suborno. A organização deve estar preparada para responder a estas mudanças.
- **Concorrência da organização**: A intensidade da concorrência e as práticas dos concorrentes podem ter um impacto no risco de suborno. Uma concorrência desleal pode levar a práticas corruptas.
- **Eventos que podem afetar a imagem corporativa**: Eventos negativos, como escândalos de corrupção ou má conduta, podem afetar a reputação da organização e aumentar o risco de suborno. A organização deve tomar medidas para proteger a sua reputação e construir uma cultura de integridade.
- **Mudanças na tecnologia**: As mudanças tecnológicas podem criar novos riscos de suborno ou alterar os riscos existentes. A organização deve avaliar os riscos associados às novas tecnologias e implementar controlos adequados.
- **Fatores sociais**: Fatores como instabilidade social, taxas de criminalidade, níveis de educação, desigualdade social podem afetar o risco de suborno.
- **Fatores tecnológicos**: A dependência da tecnologia, a velocidade da inovação, ataques cibernéticos e outros podem afetar o risco de suborno.
- **Fatores ambientais**: Políticas ambientais, alterações climáticas, desastres naturais e outros podem afetar o risco de suborno.

- **Fatores éticos**: Normas sociais e culturais, a perceção pública da corrupção e outros podem afetar o risco de suborno.
- **Fatores políticos**: Estabilidade política, regime legal, nível de corrupção governamental, leis antissuborno e outros podem afetar o risco de suborno.
- **Fatores económicos**: Crescimento económico, inflação, taxa de juro, taxas de câmbio, nível de desemprego e outros podem afetar o risco de suborno.

Metodologia da Análise

A análise de questões internas e externas deve ser conduzida através de metodologias apropriadas, como:

- **Sessões de brainstorming**: Organizar sessões de brainstorming com os principais membros da gestão para recolher informações sobre as questões internas e externas relevantes.
- **Análise documental**: Revisar documentos internos, tais como políticas, procedimentos, contratos e relatórios, para identificar riscos e oportunidades.
- **Entrevistas**: Realizar entrevistas com funcionários e outras partes interessadas para obter informações adicionais.
- **Análise de dados**: Utilizar dados históricos e estatísticas para identificar tendências e padrões que podem indicar riscos de suborno.
- **Benchmarking**: Comparar as práticas da organização com as de outras organizações do mesmo setor para identificar melhores práticas e áreas de melhoria.
- **Utilização de índices de suborno**: Usar índices de suborno para avaliar o risco de suborno em diferentes localizações e setores.

É importante que esta análise seja **documentada e revista regularmente** para assegurar a sua relevância contínua. A informação obtida através desta análise será usada como base para a definição do âmbito do SGAS e para a avaliação de risco de suborno.

Fatores que afetam a capacidade de alcançar os objetivos do sistema de gestão antissuborno

A capacidade de uma organização alcançar os objetivos do seu sistema de gestão antissuborno (SGAS) é influenciada por uma variedade de fatores, tanto internos como externos. Estes fatores podem facilitar ou dificultar a implementação eficaz do SGAS e o cumprimento dos seus objetivos. Compreender estes fatores é essencial para o desenvolvimento e manutenção de um SGAS robusto e eficaz.

Fatores Internos:

- **Tamanho, estrutura e autoridade de tomada de decisão:** A complexidade da estrutura organizacional e a forma como as decisões são tomadas podem afetar a eficácia do SGAS. Organizações maiores e com estruturas complexas podem ter mais dificuldades em implementar e monitorizar controlos antissuborno.
- **Localizações e setores de operação:** As diferentes localizações geográficas e setores em que uma organização opera podem apresentar riscos de suborno variáveis. Algumas regiões e setores podem ser mais propensos a práticas de suborno, exigindo uma abordagem mais rigorosa do SGAS.
- **Natureza, escala e complexidade das atividades:** A complexidade das operações e atividades de uma organização pode aumentar a sua exposição a riscos de suborno. Atividades complexas podem tornar mais difícil a identificação, avaliação e mitigação dos riscos de suborno.
- **Modelo de negócio da organização:** A forma como a organização gera receita, interage com clientes e fornecedores, e realiza suas atividades pode expô-la a diferentes tipos de riscos de suborno.
- **Entidades controladas e entidades que exercem controlo:** A influência que outras entidades têm sobre a organização e vice-versa

pode impactar os riscos de suborno. A falta de controlo sobre as atividades de subsidiárias ou outros associados de negócios pode aumentar a exposição a suborno.

- **Associados de negócios:** As relações com terceiros, tais como agentes, consultores, fornecedores e distribuidores, podem ser fontes de risco de suborno. A falta de *due diligence* adequada sobre estes associados de negócios pode aumentar o risco de envolvimento em atividades de suborno.
- **Interações com funcionários públicos:** A frequência e a natureza das interações com funcionários públicos podem aumentar o risco de suborno, particularmente em processos de licenciamento, concursos públicos ou fiscalização.
- **Cultura organizacional:** Uma cultura organizacional que não valorize a ética e a integridade pode minar os esforços do SGAS. Uma cultura de "resultados a qualquer custo" ou de tolerância com práticas questionáveis pode aumentar o risco de suborno.
- **Recursos:** A alocação inadequada de recursos financeiros, humanos e tecnológicos pode prejudicar a eficácia do SGAS. A falta de pessoal qualificado ou de sistemas de monitorização adequados pode comprometer a capacidade de detetar e responder a riscos de suborno.
- **Competência do pessoal:** A falta de formação e sensibilização adequadas sobre o SGAS e os riscos de suborno pode comprometer a sua eficácia. É fundamental que o pessoal tenha a competência necessária para desempenhar as suas funções de acordo com os requisitos do SGAS.
- **Abordagem à governação**: Uma abordagem inadequada à governação, com falta de transparência e responsabilidade, pode comprometer os objetivos do SGAS.

Fatores Externos:

- **Requisitos legais e regulamentares:** A complexidade e a evolução das leis antissuborno podem apresentar desafios para o SGAS.

A falta de conformidade com os requisitos legais pode resultar em sanções e danos à reputação da organização.

- **Mudanças económicas:** As flutuações económicas podem aumentar a pressão para práticas de suborno, levando a desvios éticos e legais. A instabilidade económica pode também dificultar a alocação de recursos para o SGAS.
- **Concorrência:** A pressão da concorrência e a necessidade de ganhar negócios podem levar a práticas desonestas. Um ambiente competitivo excessivo pode incentivar ações que contrariem o SGAS.
- **Eventos que afetam a imagem corporativa:** Eventos como escândalos de suborno podem prejudicar a imagem corporativa e minar a confiança das partes interessadas. É fundamental que a organização responda de forma transparente e eficaz a esses eventos.
- **Fatores sociais e culturais:** As normas sociais e culturais podem influenciar a perceção da corrupção e a aceitação de práticas de suborno. Em algumas culturas, o suborno pode ser visto como uma prática comum ou aceite, dificultando a implementação do SGAS.
- **Fatores políticos:** A instabilidade política, a corrupção governamental e a falta de transparência podem aumentar os riscos de suborno. A falta de controlo sobre as atividades governamentais e a prevalência da corrupção podem dificultar aimplementação eficaz do SGAS.
- **Fatores tecnológicos**: A rápida evolução da tecnologia pode criar novos riscos de suborno e exige uma adaptação contínua do SGAS.
- **Relações contratuais com clientes**: Os termos dos contratos com os clientes podem ter um impacto no risco de suborno.
- **Relação com as partes interessadas**: A forma como a organização interage com as suas partes interessadas pode afetar o risco de suborno.

Impacto nos Objetivos do SGAS:

Estes fatores podem afetar a capacidade do SGAS de:

- **Prevenir o suborno:** A falta de controlo interno, a cultura organizacional inadequada e a falta de sensibilização podem aumentar o risco de ocorrência de suborno.
- **Detetar o suborno:** A falta de mecanismos de monitorização, de canais de denúncia confidenciais e de processos de investigação adequados podem dificultar a deteção de atos de suborno.
- **Responder ao suborno:** A falta de ações corretivas, sanções disciplinares e medidas preventivas pode comprometer a capacidade do SGAS de responder adequadamente a casos de suborno.
- **Alcançar a melhoria contínua:** A falta de avaliação regular do SGAS, de identificação de áreas de melhoria e de implementação de ações corretivas pode dificultar a melhoria contínua do SGAS.

Estratégias de Mitigação:

Para minimizar o impacto destes fatores na capacidade de alcançar os objetivos do SGAS, as organizações devem:

- **Realizar uma análise completa do contexto:** Identificar e avaliar os fatores internos e externos que podem afetar a eficácia do SGAS.
- **Implementar controlos adequados:** Desenvolver e implementar controlos proporcionais aos riscos identificados.
- **Promover uma cultura de integridade:** Criar uma cultura organizacional que valorize a ética e a integridade.
- **Alocar recursos adequados:** Garantir que o SGAS tem recursos suficientes para funcionar eficazmente.
- **Garantir a competência do pessoal:** Fornecer formação e sensibilização adequadas ao pessoal sobre o SGAS e os riscos de suborno.
- **Monitorizar e avaliar o SGAS regularmente:** Monitorizar continuamente a eficácia do SGAS, realizar auditorias internas e efetuar revisões de gestão.

- **Implementar ações corretivas:** Responder rapidamente e eficazmente a casos de suborno ou não conformidade, implementando ações corretivas e preventivas.
- **Promover a melhoria contínua:** Procurar continuamente oportunidades para melhorar a eficácia do SGAS e garantir a sua adaptação a novas circunstâncias.

A capacidade de uma organização alcançar os objetivos do seu SGAS é influenciada por uma complexa interação de fatores internos e externos. Ao compreender estes fatores, implementar controlos adequados, promover uma cultura de integridade e monitorizar continuamente a eficácia do SGAS, as organizações podem minimizar os riscos de suborno e alcançar os objetivos do SGAS.

Necessidades e expectativas das partes interessadas

A compreensão das necessidades e expectativas das partes interessadas é fundamental para o sucesso de um sistema de gestão antissuborno (SGAS). As partes interessadas, ou *stakeholders*, são **pessoas ou organizações que podem afetar, ser afetadas por, ou perceber-se afetadas por uma decisão ou atividade**. Estas podem ser **internas ou externas à organização.** O SGAS deve considerar estas necessidades e expectativas para ser eficaz e relevante.

Identificação e análise das necessidades e expectativas

O primeiro passo é identificar as partes interessadas relevantes para o SGAS. Estas podem incluir:

- **Internas:**

  - **Funcionários:** As suas necessidades incluem um ambiente de trabalho ético, formação sobre os riscos de suborno, e canais para denunciar irregularidades.

  - **Gestão de topo:** Esperam que o SGAS proteja a reputação da organização, minimize riscos legais e financeiros, e esteja alinhado com os objetivos estratégicos.

  - **Conselho de administração:** Pretende garantir a conformidade legal, a gestão de riscos, e a responsabilização da gestão de topo.

  - **Função de conformidade antissuborno:** Tem a necessidade de recursos adequados, autoridade e independência para desempenhar as suas funções.

- **Externas:**

  - **Clientes:** Esperam que a organização opere de forma ética e transparente, e que não se envolva em práticas de suborno.

  - **Fornecedores:** Devem cumprir com as políticas antissuborno da organização e realizar *due diligence.*

  - **Parceiros de negócio**: Esperam condutas éticas e transparentes e podem requerer que a organização implemente controlos anti-suborno equivalentes aos seus.

  - **Reguladores:** Exigem a conformidade com as leis antissuborno e podem realizar auditorias para garantir o cumprimento.

  - **Investidores:** Avaliam o risco de suborno como parte da sua análise de investimento.

  - **Comunidade:** Espera que a organização opere de forma ética e que não se envolva em atividades que prejudiquem a sociedade.

  - **Governos:** Esperam que a organização cumpra as leis anti-suborno e outros requisitos aplicáveis.

  - **Media**: Acompanham as atividades da organização e a sua postura em relação à corrupção.

Após a identificação, é crucial analisar as necessidades e expectativas de cada *stakeholder*. Isto implica compreender:

- **Quais são as suas principais preocupações e interesses** em relação ao SGAS?
- **Como as atividades da organização podem afetá-los?**

- **Quais são os seus requisitos e expectativas?**
- **Como podem contribuir para o sucesso do SGAS?**

A análise pode envolver a **revisão de documentos internos e externos, entrevistas, *feedbacks*, ou estudos de mercado.**

Requisitos obrigatórios e compromissos voluntários

Ao analisar as necessidades e expectativas, é importante **distinguir entre requisitos obrigatórios e compromissos voluntários.**

Requisitos obrigatórios: São as **necessidades declaradas e obrigatórias** que a organização deve cumprir. Estes incluem:

- **Leis antissuborno aplicáveis:** As leis nacionais e internacionais que regulamentam o suborno e a corrupção.

- **Regulamentos:** As normas emitidas por entidades reguladoras que definem requisitos para a prevenção do suborno.

- **Obrigações contratuais:** As cláusulas e requisitos em contratos com clientes e fornecedores que abordam o suborno.

- **Obrigações profissionais:** As normas éticas e profissionais que devem ser seguidas pelos membros da organização.

- **Outras obrigações**: As obrigações estatutárias, regulamentares, contratuais e profissionais que afetam a organização.

Compromissos voluntários: São **as expetativas não obrigatórias e os compromissos que a organização assume voluntariamente com as partes interessadas.** Estes podem incluir:

- **Códigos de conduta:** As políticas internas que definem os valores éticos e os comportamentos esperados dos funcionários.

- **Iniciativas de responsabilidade social:** As ações que a organização realiza para promover a integridade e a ética.

- **Certificações:** As normas voluntárias que a organização decide cumprir, como a ISO 37001.

- **Transparência:** A divulgação pública de informações sobre o SGAS e o desempenho antissuborno.

- **Boas práticas:** A adoção de práticas recomendadas para a prevenção e deteção do suborno.

- **Compromissos com *stakeholders*:** Os compromissos assumidos com as partes interessadas em relação ao SGAS e o comportamento ético.

É importante notar que as **expectativas implícitas** das partes interessadas, ou seja, aquelas que são consideradas **costume ou prática comum**, não são aplicáveis no contexto dos sistemas de gestão antissuborno, uma vez que os requisitos devem ser **declarados e obrigatórios.**

Integração das necessidades e expectativas no SGAS

As necessidades e expectativas das partes interessadas devem ser integradas no SGAS:

- **Definição da política antissuborno:** A política deve refletir os valores e compromissos da organização com a ética e a integridade, tendo em consideração as necessidades e expectativas dos *stakeholders*.
- **Avaliação de riscos:** A identificação e avaliação de riscos de suborno deve considerar o impacto nas diversas partes interessadas.
- **Implementação de controlos:** Os controlos devem ser adequados para mitigar os riscos identificados e atender às necessidades e expectativas dos *stakeholders*.
- **Comunicação e formação:** O SGAS deve promover a conscientização e o envolvimento das partes interessadas, e fornecer formação adequada.
- **Monitorização e revisão:** O SGAS deve ser continuamente monitorizado e revisado para garantir que continua a atender às necessidades e expectativas das partes interessadas.

A gestão das necessidades e expectativas das partes interessadas é crucial para o sucesso do SGAS. A organização deve identificar e analisar os seus *stakeholders*, distinguir entre requisitos obrigatórios e compromissos voluntários, e integrar essas necessidades e expectativas em todas as fases do SGAS.

Com base nas fontes fornecidas e na nossa conversa anterior, desenvolvo o tema "Determinação do âmbito do sistema de gestão anti-suborno", abordando a definição dos limites e aplicabilidade do sistema, e as considerações sobre questões internas e externas, requisitos e resultados da avaliação de riscos de suborno.

Determinação do Âmbito do Sistema de Gestão Anti-

Suborno

A determinação do âmbito do sistema de gestão anti-suborno (SGAS) é um passo crucial para assegurar que o sistema é **eficaz e adequado às necessidades específicas da organização.** O âmbito define os **limites e a aplicabilidade do sistema**, indicando quais as áreas e atividades da organização que são abrangidas pelo SGAS.

Definição dos limites e aplicabilidade do sistema

A definição do âmbito do SGAS implica **estabelecer claramente as fronteiras e a abrangência do sistema.** Isto inclui especificar:

- **Quais as partes da organização que estão incluídas** no SGAS, como departamentos, unidades de negócio, ou localizações geográficas.
- **Quais as atividades e processos que são abrangidos** pelo sistema, como compras, vendas, contratação, ou gestão de projetos.
- **As entidades sobre as quais a organização tem controlo**, bem como entidades que exercem controlo sobre a organização.
- **Quais os tipos de suborno que o sistema pretende prevenir, detetar e responder**, como suborno ativo, passivo, ou de facilitação.
- **O tipo, tamanho e natureza da atividade da organização**, e se opera nos setores público, privado ou sem fins lucrativos.
- **Se o SGAS será um sistema autónomo ou integrado** num sistema de gestão mais amplo.
- **Quais as relações com terceiros** (e.g. parceiros de negócios) que serão abrangidas pelo SGAS.

O âmbito deve ser **documentado e estar disponível** para todas as partes interessadas, e deve ser **revisto e atualizado** periodicamente para garantir que continua relevante e adequado. A organização pode optar por **estender o âmbito do SGAS** para incluir outras atividades relacionadas com práticas de corrupção, como **fraude e lavagem de dinheiro**, embora a norma ISO 37001 não as aborde especificamente.

Considerações sobre questões internas e externas, requisitos e resultados da avaliação de riscos de suborno

A determinação do âmbito do SGAS deve ter em consideração vários fatores:

Questões internas e externas:

- **Questões internas** incluem a dimensão da organização, a sua estrutura, a forma como a autoridade de tomada de decisão é delegada, a complexidade das atividades e operações, e o modelo de negócio. Também abrange a sua abordagem à governação, relações contratuais com clientes e partes interessadas, cultura, ética ou ideologias.

- **Questões externas** incluem o ambiente social, tecnológico, ambiental, ético, político, legal e económico em que a organização opera. Inclui regulamentos governamentais, mudanças na lei, flutuações económicas no mercado, concorrência, ou eventos que possam afetar a imagem corporativa.

- As **localizações e setores** em que a organização opera ou planeia operar.

- A **natureza, escala e complexidade** das atividades da organização.

- A extensão da **interação da organização com entidades públicas.**

- As **obrigações estatutárias, regulamentares, contratuais e profissionais** aplicáveis.

Requisitos das partes interessadas:

- A organização deve identificar as **partes interessadas relevantes** para o SGAS e os seus requisitos.

- É importante distinguir entre **requisitos obrigatórios** (e.g. leis, regulamentos) e **expectativas não obrigatórias** (e.g. compromissos voluntários).

- As necessidades e expectativas dos *stakeholders*, como **clientes, fornecedores, reguladores, e comunidade**, devem ser levadas em consideração.

Resultados da avaliação de riscos de suborno:

- O âmbito do SGAS deve considerar os **riscos de suborno identificados** na avaliação de riscos.

- A organização deve **priorizar os riscos de suborno** e concentrar-se nos mais significativos.

- O SGAS deve incluir medidas para **mitigar e controlar** os riscos identificados na avaliação de riscos.

Ao definir o âmbito do SGAS, a organização deve também levar em consideração se irá abranger **todo o sistema ou apenas partes dele**, como, por exemplo, funções específicas ou localizações da organização. A determinação do âmbito do SGAS requer uma **análise cuidadosa das questões internas e externas, requisitos das partes interessadas, e resultados da avaliação de riscos de suborno**. O âmbito deve ser **claramente definido, documentado, e comunicado**, e deve ser **revisto e atualizado** periodicamente para garantir a sua relevância e eficácia.

Sistema de Gestão Anti-Suborno (SGAS)

Um Sistema de Gestão Anti-Suborno (SGAS) é um **conjunto de elementos inter-relacionados que uma organização utiliza para estabelecer políticas, objetivos e processos para prevenir, detetar e responder ao suborno.** O SGAS pode ser implementado como um sistema autónomo ou integrado num sistema de gestão mais abrangente. A norma ISO 37001 fornece os requisitos e orientações para o estabelecimento, implementação, manutenção, revisão e melhoria de um SGAS.

Estabelecimento do Sistema de Gestão Anti-Suborno

O estabelecimento de um SGAS envolve várias etapas:

- **Definição do âmbito do sistema**: Como discutido anteriormente, é crucial definir os limites e a aplicabilidade do SGAS, considerando questões internas e externas, requisitos das partes interessadas e resultados da avaliação de riscos de suborno.
- **Definição da política anti-suborno**: A **política anti-suborno** deve refletir o compromisso da **alta gestão** e servir como base para o estabelecimento de objetivos. Deve ser um **documento formal** que expresse as intenções e a direção da organização em relação à prevenção do suborno. A política deve incluir um **compromisso com a melhoria contínua** do SGAS e com o cumprimento dos requisitos do sistema. Deve também **incentivar a denúncia de preocupações** de boa fé ou com base em crenças razoáveis, sem medo de represálias.
- **Definição de objetivos anti-suborno**: A organização deve estabelecer **objetivos específicos, mensuráveis, alcançáveis, relevantes e com prazos definidos** para o SGAS. Estes objetivos devem ser **consistentes com a política anti-suborno** e considerar os riscos de suborno identificados. Os objetivos podem relacionar-se com

diferentes áreas da organização e podem ser estabelecidos a vários níveis (e.g. estratégico, operacional).

- **Atribuição de funções e responsabilidades**: A organização deve **definir as funções e responsabilidades** de cada pessoa ou grupo envolvido na implementação e operação do SGAS. A **alta gestão** tem a **responsabilidade geral** pela implementação e cumprimento do SGAS. Deve ser designada uma **função de conformidade anti-suborno** com responsabilidade e autoridade para a operação do SGAS. Esta função deve ter **acesso direto à alta gestão** e ao órgão de governação.
- **Avaliação de riscos de suborno**: A organização deve realizar uma **avaliação de riscos de suborno** para identificar e avaliar os riscos específicos que enfrenta. Esta avaliação deve incluir a **identificação de cenários de risco**, a **análise da probabilidade e impacto** desses riscos e o desenvolvimento de estratégias de mitigação. A avaliação de riscos deve ser **revisto periodicamente.**
- **Definir critérios para os processos**: É necessário estabelecer os critérios para os processos do sistema de gestão anti-suborno e implementar o controlo destes processos de acordo com os critérios definidos.

Documentação do Sistema de Gestão Anti-Suborno

A **documentação** é um elemento essencial para a eficácia do SGAS. A organização deve **criar e manter informação documentada** sobre o SGAS, incluindo:

- A **política anti-suborno.**
- Os **objetivos anti-suborno.**
- Os **processos do SGAS** e suas interações.
- Os **resultados da avaliação de riscos de suborno.**
- As **ações para mitigar os riscos.**
- Os **registos de formação e competência do pessoal.**

- Os **registos de monitorização, medição, análise e avaliação.**
- Os **resultados das auditorias internas.**
- Os **registos de não conformidades e ações corretivas.**
- Os **resultados das revisões da gestão.**

A documentação deve ser **controlada** para garantir que está **disponível e adequada** para uso, e que está **protegida** contra perda de confidencialidade, uso indevido ou perda de integridade. A documentação pode estar em **qualquer formato e meio**, e pode ser proveniente de **qualquer fonte.** Deve incluir **identificação e descrição** (e.g., título, data, autor), **formato** (e.g., linguagem, versão de software), e **aprovação** para adequação.

Implementação do Sistema de Gestão Anti-Suborno

A implementação do SGAS envolve a **aplicação das políticas, procedimentos e controlos definidos.** Isto inclui:

- **Alocação de recursos**: A organização deve **disponibilizar os recursos necessários** para o estabelecimento, implementação, manutenção e melhoria contínua do SGAS. Estes recursos podem incluir **recursos financeiros, humanos e tecnológicos.**

- **Formação e sensibilização**: A organização deve garantir que o pessoal tem a **competência necessária** para desempenhar as suas funções relacionadas com o SGAS. Isto pode incluir a prestação de formação, *coaching* ou a reafetação de pessoal. A organização deve **promover a sensibilização** para as políticas e procedimentos anti-suborno entre todos os colaboradores e as partes interessadas.

- **Comunicação**: A organização deve estabelecer **processos de comunicação interna e externa** sobre o SGAS. Isto inclui a comunicação da política anti-suborno, os objetivos, as responsabilidades e os mecanismos de denúncia.

- **Implementação de controlos**: A organização deve implementar **controlos operacionais** para mitigar os riscos de suborno identificados. Estes controlos podem incluir **processos de *due diligence*, controlos financeiros e não financeiros**, e procedimentos para gerir presentes, hospitalidade e doações.
- **Implementar ações para abordar os riscos**: A organização deve planear e implementar ações para abordar os riscos e oportunidades, integrá-los no sistema de gestão e avaliar a sua eficácia.
- **Estabelecer processos para a gestão das operações**: É necessário planear, implementar, monitorizar e controlar os processos de modo a cumprir os requisitos do sistema de gestão anti-suborno.

Manutenção e Revisão do Sistema de Gestão Anti-Suborno

A manutenção do SGAS envolve a **monitorização contínua** do seu desempenho e a **implementação de melhorias**. Isto inclui:

- **Monitorização e medição**: A organização deve **monitorizar e medir** o desempenho do SGAS, usando indicadores de desempenho chave (KPIs). Isto inclui a medição da eficácia dos controlos anti-suborno, o número de incidentes relatados e os resultados das auditorias.
- **Auditorias internas**: A organização deve realizar **auditorias internas regulares** para verificar a conformidade com os requisitos do SGAS e identificar oportunidades de melhoria. As auditorias devem ser **planeadas, implementadas e coordenadas.**
- **Revisões da gestão**: A **alta gestão** deve **rever o SGAS** a intervalos planeados para garantir que continua adequado, eficaz e alinhado com os objetivos estratégicos da organização. As revisões devem considerar os **resultados da monitorização, medição e auditorias**, bem como quaisquer **alterações nas condições internas ou externas.**

- **Revisões pela função de conformidade anti-suborno**: O SGAS deve ser periodicamente revisto pela **função de conformidade anti-suborno.**
- **Ações corretivas e preventivas**: A organização deve estabelecer **processos para abordar as não conformidades**, tomar **ações corretivas** para eliminar as causas das não conformidades e implementar **ações preventivas** para evitar a sua recorrência. As ações corretivas devem ser **apropriadas aos efeitos das não conformidades** encontradas.
- **Melhoria contínua**: A organização deve **melhorar continuamente a adequação, eficácia e aplicabilidade** do SGAS. Isto pode incluir a revisão de políticas e procedimentos, a atualização de controlos e a adaptação a novas ameaças e oportunidades. É importante garantir que as melhorias do SGAS são planeadas, implementadas e monitorizadas de forma eficaz.
- **Investigação e tratamento do suborno**: A organização deve implementar **procedimentos** sobre como investigar e tratar qualquer questão de suborno, ou violação dos controlos anti-suborno, que seja reportada, detetada ou razoavelmente suspeita.

Um SGAS eficaz requer um **compromisso contínuo com a melhoria** e a adaptação a circunstâncias e riscos em mudança. Ao seguir os requisitos e orientações da norma ISO 37001, as organizações podem **construir um sistema robusto** para prevenir, detetar e responder ao suborno.

Avaliação de Riscos de Suborno

A avaliação de riscos de suborno é um **processo fundamental para o estabelecimento e manutenção de um Sistema de Gestão Anti-Suborno (SGAS) eficaz.** O objetivo principal é permitir que a organização identifique, analise e priorize os riscos de suborno que enfrenta, de modo a poder implementar medidas de controlo adequadas. Este processo não é estático; deve ser **realizado de forma regular e revisto sempre que ocorram mudanças** significativas na organização ou no seu contexto.

Identificação, Análise e Priorização dos Riscos de Suborno

A avaliação de riscos de suborno envolve as seguintes etapas principais:

- **Identificação dos riscos de suborno:** Esta fase consiste em **identificar os cenários onde o suborno pode ocorrer** na organização, considerando fatores internos e externos. A organização deve considerar as suas atividades, processos, localizações geográficas e relações com terceiros. A identificação de riscos pode envolver a análise de dados históricos, entrevistas com funcionários, revisão de documentos internos e pesquisa externa. **É crucial identificar as áreas mais vulneráveis da organização.**

  - **Fatores internos** a serem considerados incluem a estrutura organizacional, a cultura, os processos, os controlos internos e os recursos disponíveis.

  - **Fatores externos** incluem o contexto político, económico, social, tecnológico, ambiental e legal em que a organização opera. Setores com maior risco de suborno devem ser identificados.

- **Análise dos riscos de suborno:** Uma vez identificados os riscos, é necessário **analisá-los para determinar a sua probabilidade e impacto**. Esta análise deve ser feita de forma sistemática, usando metodologias apropriadas. A análise pode incluir a avaliação de vulnerabilidades específicas, a revisão de incidentes passados e a consideração de fatores de risco específicos da indústria. É importante determinar o **nível de risco de suborno** para cada cenário identificado (e.g., baixo, médio ou alto).

- **Priorização dos riscos de suborno:** Os riscos identificados e analisados devem ser **priorizados com base na sua probabilidade e impacto.** Os riscos com maior probabilidade e impacto devem ser considerados de alta prioridade, e devem ser alvo de maior atenção na implementação de medidas de controlo. A priorização deve ser documentada num **registo de riscos.**
- **Definição de critérios para avaliação de riscos**: A organização deve estabelecer **critérios claros e objetivos** para avaliar o seu nível de risco de suborno, que devem ter em consideração as suas políticas e objetivos. A organização define se um risco é "baixo", "médio" ou "alto".

A avaliação de riscos de suborno deve considerar que o risco é o **efeito da incerteza nos objetivos**, sendo um efeito um desvio do esperado, positivo ou negativo. A incerteza é o estado de falta de informação relacionada com um evento, sua consequência ou probabilidade. O risco é frequentemente caracterizado por referência a potenciais "eventos" e "consequências", ou a uma combinação destes.

Revisão da Avaliação de Riscos

A avaliação de riscos de suborno **não é um exercício único**, mas sim um processo contínuo. A organização deve **rever a avaliação de riscos periodicamente**, para garantir que continua válida e relevante. A revisão deve ser feita:

- **Regularmente**: Em intervalos definidos pela organização, para avaliar novas informações ou mudanças que possam afetar os riscos de suborno.
- **Em caso de mudanças significativas**: Quando ocorrem mudanças na estrutura organizacional, atividades, mercados ou ambiente regulatório da organização.

- **Após incidentes de suborno**: Se a organização detetar ou suspeitar de incidentes de suborno, a avaliação de riscos deve ser revista para identificar possíveis lacunas no sistema.

A revisão da avaliação de riscos permite que a organização **adapte o seu SGAS** às novas condições e desafios, assegurando que o sistema continua eficaz na prevenção e deteção do suborno.

Utilização da Avaliação de Riscos para Conceber e Melhorar o SGAS

A avaliação de riscos de suborno é um **input essencial para o planeamento e melhoria do SGAS**. Os resultados da avaliação são utilizados para:

- **Definir o âmbito do SGAS:** A avaliação de riscos ajuda a definir os limites e a aplicabilidade do SGAS, assegurando que o sistema cobre todas as áreas relevantes da organização.
- **Desenvolver a política anti-suborno:** A política anti-suborno deve ter em consideração os riscos identificados, garantindo que as políticas são adequadas para mitigar esses riscos.
- **Estabelecer os objetivos anti-suborno:** Os objetivos devem ser alinhados com os riscos identificados, assegurando que o SGAS se foca nas áreas de maior risco.
- **Implementar controlos:** A avaliação de riscos ajuda a determinar o tipo e o nível de controlos anti-suborno que devem ser implementados. Os controlos devem ser proporcionais aos riscos, com maior nível de controlo nas áreas de maior risco.
    - Os controlos podem incluir **due diligence** para categorias específicas de transações, projetos, atividades, associados de negócios ou pessoal, e também **controlos financeiros e não financeiros**.

- **Alocar recursos:** A avaliação de riscos permite à organização alocar recursos de forma mais eficiente, concentrando-se nas áreas de maior risco. A alocação de recursos deve ser feita com base numa abordagem baseada no risco.
- **Planear ações para tratar os riscos e oportunidades**: A avaliação dos riscos serve de base para o planeamento de ações para tratar estes riscos, para prevenir ou reduzir efeitos indesejados, monitorizar a eficácia do sistema e promover a melhoria contínua.
- **Melhorar continuamente o SGAS:** A avaliação de riscos fornece *feedback* para a melhoria contínua do SGAS. A avaliação deve ser usada para identificar lacunas no sistema e desenvolver ações corretivas e preventivas.

A avaliação de riscos de suborno é um **processo dinâmico e iterativo**, que permite à organização **compreender e gerir os seus riscos de suborno** de forma eficaz. Ao seguir um processo estruturado e adaptar-se às circunstâncias em mudança, a organização pode **construir um SGAS robusto e eficaz**, que proteja a sua reputação e a sua integridade.

Liderança e Compromisso da Alta Direção

A **liderança e o compromisso da alta direção são cruciais para o sucesso e a eficácia de um Sistema de Gestão Anti-Suborno (SGAS).** A alta direção, que pode ser o **órgão de governo ou a gestão de topo**, desempenha um papel fundamental ao **definir o tom e a cultura da organização** em relação à prevenção do suborno. O seu compromisso visível e ativo é essencial para garantir que o SGAS não seja apenas um conjunto de políticas no papel, mas sim uma parte integrante da cultura organizacional.

Demonstração de Liderança e Compromisso com o SGAS

A alta direção deve demonstrar liderança e compromisso com o SGAS através de várias ações:

- **Aprovar a política anti-suborno da organização**: A política deve ser formalmente aprovada pelo órgão de governo ou pela gestão de topo, demonstrando o seu apoio e compromisso com a prevenção do suborno. Esta política deve ser **adequada ao propósito da organização** e deve ser estabelecida, mantida e revista pela gestão de topo.
- **Assegurar o alinhamento entre a estratégia da organização e a política anti-suborno**: A política anti-suborno deve ser coerente com os objetivos estratégicos da organização, mostrando que o combate ao suborno é uma prioridade e não uma atividade isolada.
- **Receber e rever informações sobre o conteúdo e a operação do SGAS em intervalos planeados**: A alta direção deve receber regularmente informações sobre o desempenho do SGAS, incluindo os resultados das auditorias internas e externas, para avaliar a sua eficácia e identificar áreas de melhoria.
- **Exercer supervisão razoável sobre a implementação do SGAS pela gestão de topo** e a sua eficácia: A alta direção deve garantir que a gestão de topo implementa eficazmente o SGAS e que o sistema cumpre os seus objetivos.
- **Assegurar que o SGAS é estabelecido, implementado, mantido e revisto** para abordar adequadamente os riscos de suborno.
- **Garantir a integração dos requisitos do SGAS nos processos da organização**: O SGAS não deve ser um sistema paralelo, mas sim integrado nos processos existentes da organização, tais como gestão de projetos e compras.
- **Comunicar internamente a importância da gestão anti-suborno eficaz** e da conformidade com os requisitos do SGAS: A comunicação interna é essencial para garantir que todos os funcionários

compreendem o seu papel na prevenção do suborno e que a alta direção está comprometida com este objetivo. A comunicação deve ser feita em linguagens apropriadas.

- **Assegurar que o SGAS é apropriadamente concebido para atingir os seus objetivos**: O SGAS deve ser desenhado de forma a que os objetivos anti-suborno sejam alcançáveis e alinhados com as necessidades da organização.
- **Dirigir e apoiar o pessoal para contribuir para a eficácia do SGAS**: A alta direção deve criar um ambiente onde os funcionários se sintam seguros para levantar questões ou reportar incidentes de suborno. A participação de pessoal competente é fundamental.
- **Apoiar outras funções de gestão** para demonstrar liderança na prevenção e deteção do suborno: A responsabilidade pela prevenção do suborno não deve ser apenas da função de conformidade, mas sim de todas as funções de gestão.
- **Incentivar o uso de procedimentos de reporte para subornos suspeitos ou reais**: A existência e a promoção de canais de denúncia, tais como um sistema de denúncia (WBS), são elementos chave para a deteção de subornos.
- **Assegurar que não há retaliação**: A gestão deve garantir que ninguém sofre retaliação ou discriminação por reportar subornos com boa fé ou por recusar a participar em subornos.
- **Promover a melhoria contínua**: O SGAS deve ser continuamente revisto e melhorado, com base no *feedback* e na experiência adquirida.

Garantir que os Recursos Necessários Estejam Disponíveis

A alta direção deve garantir que o SGAS tem os recursos necessários para a sua implementação e manutenção eficaz. Isso inclui:

- **Recursos humanos**: Alocar pessoal suficiente e competente para gerir o SGAS. Isso inclui a função de conformidade anti-suborno, que deve ter as competências, o estatuto, a autoridade e a independência adequados.
- **Recursos financeiros**: Garantir o financiamento adequado para o SGAS, incluindo a formação de funcionários, a implementação de controlos e a realização de auditorias.
- **Recursos tecnológicos**: Implementar sistemas de informação e outras tecnologias para apoiar o SGAS, incluindo o controlo de transações e a gestão de documentos.
- **Infraestrutura**: Garantir que a organização tem a infraestrutura necessária para implementar e manter o SGAS.
- **Recursos para o cumprimento da função de conformidade anti-suborno**: A função de conformidade anti-suborno deve ser adequadamente dotada de recursos, incluindo pessoas com a competência, o estatuto, a autoridade e a independência adequados.
- **Alocação de recursos para ações preventivas**: É necessário alocar recursos para *due diligence* em terceiros, análise de riscos e formação.
- **Alocação de recursos para programas de formação e consciencialização**: É essencial investir em programas de formação que aumentem a consciencialização do pessoal em relação ao SGAS.

A alocação de recursos deve ser baseada no risco, priorizando áreas com maior risco de suborno. É importante garantir que os recursos são usados de forma transparente e eficiente.

Promover uma Cultura Anti-Suborno

A alta direção deve promover uma **cultura anti-suborno** dentro da organização. Isso implica:

- **Definir expectativas claras de comportamento ético**: A alta direção deve comunicar claramente que o suborno não será tolerado na organização, e que espera que todos os funcionários sigam a política anti-suborno.
- **Liderar pelo exemplo**: A alta direção deve demonstrar consistentemente um comportamento ético e cumprir a política anti-suborno, mostrando que a cultura anti-suborno começa no topo da organização.
- **Incentivar o reporte de preocupações**: A organização deve incentivar o pessoal a reportar preocupações ou suspeitas de suborno e proteger os denunciantes de retaliação.
- **Promover a transparência**: As decisões e os processos da organização devem ser transparentes, reduzindo as oportunidades para suborno.
- **Assegurar a responsabilização**: Os funcionários devem ser responsabilizados pelas suas ações e pelas violações da política anti-suborno.
- **Incentivar o comportamento ético**: A organização pode usar incentivos para promover um comportamento ético e anti-suborno.
- **Promover a comunicação aberta e transparente**: Manter canais de comunicação abertos para discutir o progresso e os desafios das iniciativas anti-suborno.
- **Investir em formação e sensibilização**: Os funcionários devem receber formação e sensibilização sobre os riscos de suborno e as suas responsabilidades na prevenção do suborno.

Ao adotar estas práticas, a alta direção pode demonstrar o seu compromisso com a prevenção do suborno e garantir que o SGAS seja eficaz e sustentável.

Política Anti-Suborno

A **política anti-suborno** é um elemento central de um Sistema de Gestão Anti-Suborno (SGAS) eficaz. Ela representa o compromisso formal da organização em **proibir o suborno** e em cumprir as leis anti-suborno aplicáveis. A política deve ser estabelecida, mantida e revista pela **gestão de topo**.

Definição e Comunicação da Política Anti-Suborno

A política anti-suborno deve ser **clara, concisa e fácil de entender** por todos os funcionários e associados de negócios da organização. A sua definição e comunicação eficaz são essenciais para o seu sucesso.

- **Definição da Política**: A política deve incluir, no mínimo:

    - **Proibição explícita do suborno**: A política deve proibir claramente o suborno em todas as suas formas, incluindo a oferta, promessa, concessão, aceitação ou solicitação de qualquer vantagem indevida. Deve explicitar que o suborno é inaceitável, independentemente do seu valor (financeiro ou não financeiro) e do local onde ocorre.

    - **Obrigatoriedade de conformidade com as leis anti-suborno**: A política deve exigir o cumprimento de todas as leis anti-suborno aplicáveis à organização. A política deve estar em conformidade com as leis e regulamentos anti-suborno de todas as jurisdições onde a organização opera.

    - **Compromisso com os requisitos do SGAS**: A política deve incluir um compromisso de satisfazer os requisitos do sistema de gestão anti-suborno.

    - **Incentivo ao levantamento de preocupações**: A política deve encorajar o levantamento de preocupações de boa fé, ou com base numa crença razoável, em confidência e sem medo de represálias.

○ **Compromisso com a melhoria contínua**: A política deve incluir o compromisso da organização em melhorar continuamente o seu sistema de gestão anti-suborno.

○ **Definição clara de termos chave**: A política deve definir claramente os termos chave relacionados com o suborno e a corrupção para assegurar uma compreensão comum.

○ **Descrição de conduta proibida**: A política deve descrever de forma clara a conduta proibida, incluindo o oferecimento, aceitação ou facilitação de subornos ou qualquer forma de vantagem indevida. Deve especificar que a política se aplica a todos os funcionários, contratados e terceiros que atuam em nome da organização.

○ **Consequências de violações**: A política deve detalhar as consequências de violações da política, que podem incluir ações disciplinares, processos legais, rescisão de contratos e danos à reputação. A aplicação das consequências deve ser consistente e proporcional à violação.

○ **Âmbito de aplicação**: A política deve especificar que se aplica a todos os colaboradores, parceiros de negócios e terceiros que atuem em nome da organização.

- **Comunicação da Política**:

○ **Disponibilização da política**: A política anti-suborno deve ser disponibilizada como informação documentada.

○ **Comunicação em linguagens apropriadas**: A política deve ser comunicada em linguagens apropriadas dentro da organização e aos associados de negócios que representem um risco de suborno superior ao baixo.

○ **Utilização de múltiplos canais de comunicação**: A comunicação da política deve ser feita utilizando vários canais, tais como emails, intranet, anúncios impressos e reuniões da empresa.

○ **Comunicação direta**: A política deve ser comunicada diretamente a todos os funcionários e associados de negócios com risco de suborno superior a baixo.

○ **Comunicação da liderança**: A gestão de topo deve comunicar o seu compromisso com a política através de memorandos internos, reuniões e atualizações regulares.

○ **Comunicação adaptada**: Devem ser desenvolvidos planos de comunicação adaptados para diferentes níveis de funcionários e departamentos. A política deve ser explicada em linguagem simples e utilizando exemplos.

○ **Sessões de lançamento e sensibilização**: As organizações devem considerar a realização de um evento formal de lançamento ou campanha de sensibilização para introduzir a política aos funcionários e partes interessadas, aproveitando esta oportunidade para transmitir o compromisso da organização com uma conduta ética.

○ **Formação e sensibilização**: Implementar programas de formação para educar os funcionários sobre a política, as leis anti-suborno e os mecanismos de reporte. Deve ser ministrada formação contínua para reforçar a sensibilização e a compreensão.

○ **Mecanismos de reporte**: A política deve comunicar claramente os processos para reporte de suspeitas de suborno ou corrupção, enfatizando a confidencialidade e a proteção dos denunciantes.

○ **Revisão e atualização da política**: A política deve ser revista e atualizada periodicamente para garantir que se mantém atual e alinhada com a evolução dos riscos e regulamentações.

Disponibilização da Política a todo o Pessoal e Associados de Negócios

A política anti-suborno deve ser **acessível** a todo o pessoal e associados de negócios da organização.

- **Disponibilidade**: A política deve ser disponibilizada através de canais de comunicação internos e externos da organização, conforme apropriado.
- **Acessibilidade**: A política deve ser facilmente acessível a todos, especialmente através das plataformas internas de comunicação da organização.
- **Traducão**: Se necessário, a política e os materiais relacionados devem ser traduzidos para as línguas faladas na organização.
- **Formatos alternativos**: A política deve ser acessível a pessoas com deficiência, disponibilizando formatos alternativos, se necessário.

A comunicação da política não deve ser um evento único, mas sim um processo contínuo que envolva todos os níveis da organização. A formação e sensibilização regulares são essenciais para garantir que todos compreendam a política e as suas responsabilidades.

Uma política anti-suborno bem definida, comunicada e acessível é um pilar fundamental para a prevenção do suborno numa organização. A sua implementação eficaz requer o compromisso da gestão de topo e o envolvimento de todo o pessoal e associados de negócios.

Funções, Responsabilidades e Autoridades no SGAS

A definição clara de funções, responsabilidades e autoridades é crucial para o funcionamento eficaz de um SGAS. A **gestão de topo** tem um papel fundamental na atribuição e comunicação destas responsabilidades, garantindo que todos na organização compreendem o seu papel no combate ao suborno.

Atribuição e Comunicação de Responsabilidades e Autoridades

A atribuição e comunicação de responsabilidades e autoridades devem ser realizadas de forma clara e eficaz, abrangendo todos os níveis da organização.

Atribuição de Funções e Responsabilidades:

- A **gestão de topo** deve atribuir as responsabilidades e autoridades para as funções relevantes dentro da organização.

- Os **gestores a todos os níveis** são responsáveis por assegurar que os requisitos do SGAS são aplicados e cumpridos nos seus departamentos ou funções.

- A **função de compliance anti-suborno** deve ter a responsabilidade e autoridade para supervisionar o design e implementação do SGAS.

○ A **função de compliance anti-suborno** deve ter responsabilidade e autoridade para fornecer aconselhamento e orientação ao pessoal sobre o SGAS e questões relacionadas ao suborno.

○ A **função de compliance anti-suborno** deve ter a responsabilidade de garantir que o SGAS esteja em conformidade com os requisitos da norma.

○ A **função de compliance anti-suborno** deve ter a responsabilidade de reportar o desempenho do SGAS ao **órgão de gestão** (se existir) e à **gestão de topo**.

○ **Pessoas com funções delegadas** devem ter um processo de tomada de decisão livre de conflitos de interesse, com níveis de autoridade apropriados.

Comunicação de Responsabilidades e Autoridades:

○ As responsabilidades e autoridades devem ser comunicadas em todos os níveis da organização.

○ A comunicação deve garantir que todos compreendem o seu papel no SGAS e como devem desempenhar as suas funções de forma ética e em conformidade.

Responsabilidade Geral pela Implementação e Conformidade com o SGAS

A responsabilidade geral pela implementação e conformidade com o SGAS reside na **gestão de topo**, que tem um papel crucial em garantir a sua eficácia.

Responsabilidade da Gestão de Topo:

○ A **gestão de topo** tem a responsabilidade geral pela implementação e conformidade com o SGAS.

○ A **gestão de topo** deve assegurar que o SGAS, incluindo a política e objetivos, seja estabelecido, implementado, mantido e revisto para abordar adequadamente os riscos de suborno da organização.

○ A **gestão de topo** deve assegurar a integração dos requisitos do SGAS nos processos da organização.

○ A **gestão de topo** deve alocar recursos adequados e apropriados para a operação eficaz do SGAS.

○ A **gestão de topo** deve comunicar interna e externamente a política anti-suborno.

○ A **gestão de topo** deve comunicar internamente a importância da gestão eficaz anti-suborno e da conformidade com os requisitos do SGAS.

○ A **gestão de topo** deve garantir que o SGAS está apropriadamente desenhado para atingir os seus objetivos.

○ A **gestão de topo** deve orientar e apoiar o pessoal a contribuir para a eficácia do SGAS.

○ A **gestão de topo** deve promover uma cultura anti-suborno apropriada dentro da organização.

○ A **gestão de topo** deve promover a melhoria contínua do SGAS.

○ A **gestão de topo** deve apoiar outros papéis de gestão relevantes para demonstrar a sua liderança na prevenção e deteção de suborno nas suas áreas de responsabilidade.

Responsabilidade do Órgão de Gestão (se aplicável):

○ O **órgão de gestão**, quando existente, deve demonstrar liderança e compromisso com o SGAS.

○ O **órgão de gestão** deve aprovar a política anti-suborno da organização.

○ O **órgão de gestão** deve garantir que a estratégia da organização e a política anti-suborno estão alinhadas.

○ O **órgão de gestão** deve supervisionar a implementação do SGAS pela gestão de topo e a sua eficácia.

Responsabilidade de Todos os Colaboradores:

○ Todos os colaboradores, incluindo o **órgão de gestão**, a **gestão de topo**, e todos os outros níveis hierárquicos, são responsáveis por compreender, cumprir e aplicar os requisitos do SGAS, conforme relacionado com o seu papel na organização.

A atribuição clara de funções, responsabilidades e autoridades, juntamente com a comunicação eficaz destas, é essencial para o sucesso de um SGAS. A **gestão de topo** desempenha um papel crucial na liderança e garantia da conformidade com o SGAS, enquanto todos os membros da organização têm a responsabilidade de contribuir para a sua eficácia. A **função de compliance anti-suborno** tem um papel especializado na supervisão do sistema e aconselhamento, garantindo que este se mantém atualizado e em conformidade com as normas.

Função de Compliance Anti-Suborno

A função de compliance anti-suborno é essencial para o bom funcionamento de um sistema de gestão anti-suborno (SGAS), atuando como um pilar na prevenção e deteção de suborno. Esta função é responsável por supervisionar a implementação do SGAS, garantindo a sua conformidade com as normas e oferecendo orientação aos colaboradores.

Designação de Pessoa(s) com Competência, Estatuto, Autoridade e Independência

A **gestão de topo** deve designar a função de compliance anti-suborno a pessoa(s) que possuam as qualificações necessárias para o desempenho das suas responsabilidades, que incluem:

- **Supervisionar o design e implementação do SGAS**: A pessoa designada deve assegurar que o sistema é desenhado e implementado eficazmente dentro da organização.
- **Fornecer aconselhamento e orientação**: A função deve prestar aconselhamento ao pessoal sobre o SGAS e outras questões relacionadas ao suborno.
- **Garantir a conformidade do SGAS**: A pessoa designada deve assegurar que o sistema está em conformidade com os requisitos da norma ISO 37001.
- **Reportar o desempenho do SGAS**: A função deve reportar o desempenho do SGAS ao órgão de gestão e à gestão de topo.

A **pessoa ou pessoas** designadas para a função de compliance anti-suborno devem ter:

- **Competência**: A pessoa deve possuir **educação, formação ou experiência apropriadas**, capacidade de lidar com os requisitos da função e aptidão para aprender e desempenhar o papel adequadamente. Isso inclui o conhecimento das leis anti-suborno aplicáveis, dos riscos associados ao suborno e das melhores práticas de gestão. A competência pode ser assegurada através de treinamento específico e experiência relevante.

- **Estatuto**: A pessoa deve ter um estatuto que faça com que outros colaboradores ouçam e respeitem as suas opiniões e decisões. Isto implica que a pessoa seja vista como **credível** e **influente** dentro da organização, o que é fundamental para a eficácia da função de compliance.
- **Autoridade**: A pessoa deve ter **poderes** suficientes, conferidos pelo órgão de gestão e gestão de topo, para desempenhar as suas responsabilidades eficazmente. Isso inclui a autoridade para solicitar informações, realizar investigações e implementar ações corretivas quando necessário. A autoridade deve ser clara e formalmente definida para evitar dúvidas ou hesitações no desempenho das suas tarefas.
- **Independência**: A pessoa deve ser o mais independente possível das atividades da organização que estão expostas ao risco de suborno. Isto pode ser alcançado quando a pessoa é designada para esta função a tempo inteiro, embora seja mais difícil para organizações menores onde esta função é combinada com outras. Nos casos em que a independência total não pode ser assegurada, a pessoa deve separar as suas responsabilidades de compliance de outras funções para garantir a sua imparcialidade. A função de compliance não deve ser realizada por indivíduos que possam estar expostos a riscos de suborno enquanto desempenham as suas funções principais.

A função de compliance anti-suborno pode ser atribuída a um indivíduo, um comité ou até mesmo a um terceiro externo à organização. No caso de funções externalizadas, a **gestão de topo** deve garantir que existe **responsabilidade e autoridade** sobre as partes da função que foram atribuídas externamente.

A função de compliance anti-suborno deve ter acesso **direto e imediato** ao órgão de gestão e à gestão de topo sempre que seja necessário levantar quaisquer problemas ou preocupações relacionados com o suborno ou com o SGAS. Este acesso direto assegura que os problemas são tratados de forma rápida e eficaz e que não são ignorados devido à estrutura hierárquica da organização.

A designação da função de compliance anti-suborno deve ser feita com rigor, garantindo que as pessoas designadas possuem as competências, estatuto, autoridade e independência necessárias para o eficaz funcionamento do SGAS. Esta função é crucial para assegurar que a organização cumpre os requisitos da norma e se mantém comprometida com a prevenção do suborno.

Delegação de Tomada de Decisões

A delegação de tomada de decisões é uma prática comum nas organizações, especialmente quando se trata de funções operacionais e de gestão diária. No entanto, quando se trata de decisões que envolvem **risco de suborno**, é crucial que existam processos e controles adequados para garantir que as decisões são tomadas de forma ética e em conformidade com os requisitos do SGAS.

Processos de Tomada de Decisão em Risco de Suborno

Quando a **gestão de topo** delega a tomada de decisões em áreas onde existe um **risco de suborno mais do que baixo**, a organização deve implementar e manter um processo de tomada de decisão ou um conjunto de controles que assegurem que:

- O **processo de decisão** seja apropriado para o nível de risco envolvido.
- O **nível de autoridade** do(s) decisor(es) seja adequado e proporcional ao risco de suborno envolvido.

- As decisões sejam **livres de conflitos de interesse** reais ou potenciais.

Estes processos devem ser revistos periodicamente pela **gestão de topo**, como parte da sua responsabilidade pela implementação e conformidade com o SGAS. A revisão periódica garante que os processos se mantêm adequados e que quaisquer novos riscos são devidamente considerados.

A Delegação Não Isenta a Alta Direção das Suas Responsabilidades

É fundamental salientar que a **delegação de tomada de decisões não isenta a gestão de topo ou o órgão de gestão (se existir) das suas responsabilidades**. Isso significa que, mesmo quando a autoridade para tomar decisões é delegada a outros níveis da organização, a responsabilidade final pela eficácia do SGAS permanece com a alta direção.

A **gestão de topo** e o **órgão de gestão** continuam responsáveis por:

- Garantir a implementação e conformidade com o SGAS.
- Demonstrar liderança e compromisso com o SGAS.
- Assegurar que os processos de tomada de decisão, mesmo quando delegados, são robustos e livres de conflitos de interesse.
- Garantir que existem recursos adequados para a implementação eficaz do SGAS.
- Realizar uma **supervisão razoável** da implementação e eficácia do SGAS.

A **delegação de tomada de decisões também não transfere necessariamente as potenciais responsabilidades legais para o pessoal delegado**. Isto significa que, mesmo que as decisões sejam tomadas por um colaborador com autoridade delegada, a organização (e a gestão de topo) podem ser legalmente responsáveis por quaisquer atos de suborno que ocorram, especialmente se não foram implementados controles adequados.

A delegação de tomada de decisões é uma prática aceitável e necessária, mas deve ser acompanhada de processos de controlo adequados para minimizar os riscos de suborno. A gestão de topo não pode usar a delegação como forma de se eximir das suas responsabilidades na implementação e conformidade do SGAS. **A responsabilidade final pela eficácia do sistema anti-suborno permanece com a alta direção**, que deve assegurar que todas as decisões são tomadas de forma ética e em conformidade com os requisitos da norma.

Módulo 6: Planeamento - Ações para Abordar Riscos e Oportunidades

O Módulo 6, dedicado ao planeamento, é crucial no contexto de um sistema de gestão anti-suborno (SGAS), pois estabelece as bases para a implementação eficaz das medidas anti-suborno. Este módulo aborda como a organização deve planear as suas ações para lidar com os riscos e oportunidades identificados, garantindo que o SGAS atinja os seus objetivos.

Consideração de Questões Internas e Externas, Requisitos, Riscos e Oportunidades de Melhoria

Ao planear o SGAS, a organização deve considerar os seguintes aspetos:

- **Questões Internas e Externas**: A organização deve identificar as questões internas e externas relevantes para o seu propósito e que afetem a sua capacidade de atingir os objetivos do SGAS. Estas questões incluem fatores como a dimensão, estrutura e autoridade de tomada de decisão da organização, os locais e setores onde opera, a sua cultura organizacional e o seu ambiente regulatório. As questões internas e externas devem ser consideradas para assegurar que o SGAS é adequado ao contexto específico da organização.
- **Requisitos das Partes Interessadas**: A organização deve considerar os requisitos das partes interessadas, que podem incluir clientes, fornecedores, funcionários, reguladores e a comunidade em geral. Compreender as necessidades e expetativas destas partes interessadas é essencial para garantir que o SGAS satisfaz as suas preocupações e contribui para a sua confiança na organização.

- **Riscos de Suborno**: A organização deve identificar, analisar e avaliar os riscos de suborno que enfrenta, levando em consideração os fatores internos e externos relevantes. Esta avaliação de risco de suborno deve ser abrangente, cobrindo todos os aspetos das operações da organização. A avaliação deve servir de base para a implementação de controlos eficazes e para a alocação de recursos de forma eficiente.
- **Oportunidades de Melhoria**: A organização deve procurar oportunidades para melhorar o seu SGAS. Estas oportunidades podem surgir da análise dos resultados de auditorias, revisões da gestão, feedback das partes interessadas e mudanças no ambiente de negócios. A melhoria contínua é um princípio fundamental da norma ISO 37001 e deve ser integrada em todos os aspetos do SGAS.

A consideração destas questões, requisitos, riscos e oportunidades é fundamental para garantir que o SGAS seja relevante, eficaz e adequado às necessidades específicas da organização.

Planeamento de Ações para Integrar e Implementar Ações no Sistema de Gestão Anti-Suborno

Com base nas considerações acima, a organização deve planear ações específicas para abordar os riscos e oportunidades identificados. Este planeamento deve incluir:

- **Definição de Objetivos Anti-Suborno**: A organização deve estabelecer objetivos anti-suborno claros e mensuráveis, que estejam alinhados com a sua política anti-suborno e que considerem os riscos identificados. Os objetivos devem ser definidos em funções e níveis relevantes da organização. Os objetivos devem ser consistentes com a política anti-suborno, mensuráveis (se praticável) e considerar os fatores aplicáveis referidos em 4.1, os requisitos referidos em 4.2 e os riscos de suborno identificados em 4.5.

- **Planeamento das Ações**: A organização deve planear as ações necessárias para atingir os objetivos anti-suborno e para mitigar os riscos identificados. Estas ações devem ser integradas nos processos do SGAS e podem incluir a implementação de novos controlos, a melhoria de processos existentes, a formação de pessoal, e a comunicação com as partes interessadas.
- **Integração e Implementação**: As ações planeadas devem ser integradas e implementadas nos processos do SGAS. Isto envolve a definição clara de responsabilidades, a alocação de recursos adequados, a documentação dos processos e a garantia de que as ações são executadas de forma consistente e eficaz.

Este planeamento deve garantir que o SGAS é capaz de atingir os seus objetivos, de prevenir e reduzir os efeitos indesejados relacionados com a política e objetivos anti-suborno, de monitorizar a eficácia do SGAS e de promover a melhoria contínua. O planeamento também deve abordar como integrar as ações no SGAS, garantindo que são incorporadas nas atividades do dia-a-dia da organização.

Avaliação da Eficácia dessas Ações

Para garantir que as ações implementadas são eficazes, a organização deve avaliar regularmente os seus resultados. Esta avaliação deve incluir:

- **Monitorização e Medição**: A organização deve monitorizar e medir o desempenho do SGAS, utilizando indicadores de desempenho (KPIs) relevantes. Os KPIs devem ser selecionados com base nos riscos e objetivos da organização. Os resultados da monitorização devem ser analisados para identificar áreas de melhoria.
- **Auditorias Internas**: A organização deve realizar auditorias internas regulares para avaliar a conformidade do SGAS com a norma ISO 37001 e a sua eficácia na prevenção e deteção de suborno. As

auditorias devem ser planeadas, executadas e documentadas de acordo com um programa de auditoria. Os resultados das auditorias devem ser reportados à gestão de topo e à função de compliance anti suborno. As auditorias internas devem avaliar a eficácia dos controles, a conformidade com as políticas e procedimentos e a identificação de áreas de melhoria.

- **Revisão pela Gestão**: A gestão de topo deve rever o SGAS em intervalos planeados para garantir a sua adequação, eficácia e alinhamento com os objetivos estratégicos da organização. A revisão deve incluir a análise dos resultados da monitorização, auditorias e outras informações relevantes, a avaliação da eficácia das ações implementadas e a identificação de oportunidades de melhoria.
- **Ações Corretivas e Preventivas**: A organização deve implementar ações corretivas para abordar quaisquer não conformidades identificadas e ações preventivas para evitar a sua recorrência. As ações corretivas e preventivas devem ser documentadas, implementadas e avaliadas para verificar a sua eficácia.

Esta avaliação contínua é fundamental para garantir que o SGAS se mantém relevante, eficaz e que está a atingir os seus objetivos. A avaliação deve levar a melhorias contínuas no sistema, garantindo que ele se adapta às mudanças no ambiente de negócios e aos novos riscos que possam surgir.

Objetivos Anti-Suborno e Planeamento para os Alcançar

O estabelecimento de **objetivos anti-suborno claros e o planeamento eficaz** para os alcançar são componentes essenciais de um sistema de gestão anti-suborno (SGAS) robusto. Estes elementos garantem que os esforços da organização para combater o suborno são direcionados, mensuráveis e alinhados com a sua política anti-suborno.

Estabelecimento de Objetivos de Gestão Anti-Suborno

Os objetivos anti-suborno devem ser estabelecidos em **funções e níveis relevantes da organização**. Estes objetivos devem ser:

- **Consistentes com a política anti-suborno**: Os objetivos devem refletir o compromisso da organização com a prevenção e combate ao suborno, tal como expresso na sua política anti-suborno. Devem estar alinhados com a direção e intenções gerais da organização em relação a esta questão.
- **Mensuráveis (se praticável)**: Os objetivos devem ser definidos de forma a que o seu progresso possa ser medido e avaliado. O uso de indicadores de desempenho (KPIs) pode ser útil para monitorizar o cumprimento dos objetivos. Embora a mensurabilidade seja desejável, reconhece-se que nem todos os objetivos podem ser quantificados diretamente.
- **Alinhados com fatores aplicáveis**: Os objetivos devem ter em conta fatores como as questões internas e externas da organização, os requisitos das partes interessadas e os riscos de suborno identificados. Esta consideração garante que os objetivos são relevantes e adequados ao contexto da organização.
- **Alcançáveis**: Os objetivos devem ser realistas e exequíveis dentro do prazo e recursos disponíveis. Objetivos inatingíveis podem desmotivar os funcionários e comprometer a eficácia do SGAS.
- **Monitorizados**: O progresso em direção aos objetivos deve ser monitorizado regularmente, de modo a identificar quaisquer desvios e tomar ações corretivas, se necessário.
- **Comunicados**: Os objetivos devem ser comunicados de forma clara e eficaz a todas as partes interessadas relevantes, tanto internas como externas. A comunicação garante que todos compreendem os objetivos e as suas responsabilidades.

- **Atualizados**: Os objetivos devem ser revistos e atualizados periodicamente, de forma a refletir mudanças no ambiente de negócios, nos requisitos legais ou nos riscos de suborno que a organização enfrenta.

Os objetivos anti-suborno podem relacionar-se com diferentes áreas, como por exemplo:

- **Financeira**: reduzir incidentes de suborno financeiro.
- **Operacional**: melhorar a due diligence de terceiros.
- **Conformidade**: aumentar o número de funcionários treinados na política anti-suborno.

Definição de Ações para Atingir os Objetivos

Uma vez definidos os objetivos, é essencial planear e implementar as ações necessárias para os alcançar. Estas ações devem incluir:

- **Definição de "o que será feito"**: Detalhar as atividades específicas a serem realizadas para alcançar os objetivos.
- **Recursos necessários**: Determinar os recursos financeiros, humanos, tecnológicos e outros necessários para implementar as ações planeadas. A alocação de recursos adequados é vital para o sucesso do SGAS.
- **Atribuição de responsabilidades**: Definir claramente quem será responsável por cada ação planeada, garantindo que as responsabilidades são compreendidas e aceites. A gestão de topo deve assegurar que as funções e responsabilidades dentro da organização são claras e que todos compreendem o seu papel no combate ao suborno.
- **Definição de prazos**: Estabelecer prazos realistas para a conclusão de cada ação planeada. Prazos claros ajudam a manter o projeto dentro do cronograma e evitam atrasos desnecessários.
- **Avaliação dos resultados**: Determinar como o sucesso das ações será medido e avaliado. A avaliação deve ser feita de forma objetiva,

utilizando dados e informações relevantes. A avaliação da eficácia das ações é crucial para garantir que o SGAS está a atingir os seus objetivos.

- **Comunicação dos resultados:** Definir como e a quem os resultados da avaliação das ações serão comunicados. A comunicação dos resultados é importante para promover a transparência e a responsabilização.
- **Definição de sanções ou penalidades**: Estabelecer quem será responsável por impor sanções ou penalidades em caso de não cumprimento dos objetivos ou de violações da política anti-suborno.

O planeamento deve integrar estas ações nos processos do SGAS, garantindo que são incorporadas nas atividades do dia-a-dia da organização.

Manutenção de Informação Documentada

A organização deve manter **informação documentada sobre os objetivos do sistema de gestão anti-suborno**. Esta informação deve ser controlada de forma a garantir que:

- Está disponível e adequada para uso quando e onde for necessária.
- Está adequadamente protegida contra perdas de confidencialidade, uso indevido ou perda de integridade.
- Inclui a identificação e descrição dos objetivos (e.g. título, data, autor, número de referência).
- Apresenta o formato adequado (e.g. linguagem, versão do software, gráficos) e o meio (e.g. papel, eletrónico).
- É revista e aprovada para adequação e suficiência.
- É controlada em termos de distribuição, acesso, recuperação e utilização.
- É armazenada e preservada (incluindo a legibilidade).
- É controlada em termos de alterações (e.g. controlo de versão).

- É controlada em termos de retenção e eliminação.

A **informação documentada** é essencial para assegurar a consistência e a rastreabilidade das ações do SGAS. Pode ser mantida separadamente ou como parte de outros sistemas de gestão (e.g., conformidade, finanças, comercial, auditoria). A extensão da informação documentada pode variar de organização para organização.

Os **objetivos anti-suborno e o planeamento para os alcançar** são fundamentais para a eficácia do SGAS. Os objetivos devem ser mensuráveis, consistentes com a política anti-suborno e alinhados com o contexto da organização. As ações para os alcançar devem ser cuidadosamente planeadas, com alocação adequada de recursos, definição clara de responsabilidades e monitorização regular dos resultados. A manutenção de informação documentada é essencial para assegurar a consistência e a rastreabilidade das ações do sistema.

Módulo 7: Suporte

O Módulo 7 da norma ISO 37001, dedicado ao **Suporte**, é fundamental para o estabelecimento, implementação, manutenção e melhoria contínua de um sistema de gestão anti-suborno (SGAS) eficaz. Este módulo aborda a necessidade de a organização providenciar os recursos adequados para o bom funcionamento do SGAS.

Recursos

Um dos pilares deste módulo é a gestão de **recursos**, que inclui a disponibilização dos recursos necessários e a alocação de pessoal competente para a função de compliance anti-suborno.

Disponibilização dos Recursos Necessários

A organização deve determinar e fornecer os recursos necessários para o estabelecimento, implementação, manutenção e melhoria contínua do SGAS. Estes recursos podem ser de diversas naturezas, incluindo:

- **Recursos Humanos**: A organização deve garantir que existe pessoal suficiente e com as competências adequadas para cumprir as suas responsabilidades anti-suborno. Isto inclui a **alocação de pessoal para a função de compliance anti-suborno**, bem como para outras funções relacionadas com o SGAS. Devem ser alocadas pessoas com tempo suficiente para as suas responsabilidades anti-suborno. É crucial que o pessoal esteja ciente da política anti-suborno e das suas responsabilidades. A alocação de pessoal pode incluir a contratação de novos colaboradores ou o uso de recursos internos, bem como o recurso a consultores externos.
- **Recursos Financeiros**: É necessário um orçamento adequado para o funcionamento eficaz do SGAS, incluindo a função de

compliance anti-suborno. O orçamento deve contemplar os custos com formação, auditorias, investigações e consultoria. Devem ser implementados controlos financeiros para garantir a utilização adequada dos recursos alocados. A falta de recursos financeiros adequados pode levar a não conformidades no sistema.

- **Recursos Tecnológicos**: A organização deve disponibilizar as ferramentas e sistemas necessários para monitorizar, reportar e gerir as atividades anti-suborno. Isto pode incluir *software* de análise de dados e monitorização, sistemas de *whistleblowing* e soluções de gestão de casos. A tecnologia pode ajudar a detetar potenciais sinais de alerta.
- **Recursos Físicos**: A organização deve disponibilizar os recursos físicos necessários, incluindo espaço de escritório, mobiliário, *hardware* e *software* de computador, materiais de formação, telefones e material de escritório.

A **adequação dos recursos** dependerá de vários fatores, como a dimensão da organização, a natureza das suas operações e os riscos de suborno que enfrenta. A organização deve identificar os recursos internos e externos necessários para atingir os seus objetivos a curto e longo prazo. A gestão de topo deve decidir quais os recursos a desenvolver, adquirir ou externalizar para ser competitiva. A alocação de recursos deve ser revista e adaptada com base no *feedback* e nas lições aprendidas.

Alocação de Pessoal Competente para a Função de Compliance Anti-Suborno

A função de compliance anti-suborno é crucial para a eficácia do SGAS. A organização deve assegurar que esta função é desempenhada por pessoas que possuam as seguintes características:

- **Competência**: O pessoal alocado à função de compliance anti-suborno deve ter a educação, formação e experiência adequadas. Deve ter a capacidade de aprender sobre o papel e desempenhá-lo de forma adequada. A competência também inclui a capacidade de aplicar conhecimento e habilidades para alcançar os resultados pretendidos. A organização deve garantir que as pessoas são competentes com base na educação, formação ou experiência apropriadas.

- **Estatuto**: As pessoas responsáveis pelo compliance devem ter um estatuto que garanta que as suas opiniões são ouvidas e respeitadas por outros funcionários. O pessoal deve ser capaz de influenciar e garantir a adesão ao programa anti-suborno em toda a organização.
- **Autoridade**: As pessoas responsáveis pelo compliance devem ter a autoridade necessária para desempenhar as suas funções de forma eficaz. Isto inclui a autoridade para investigar e tomar ações corretivas.
- **Independência**: A função de compliance anti-suborno deve ser independente de outras funções da organização que possam apresentar conflitos de interesse. O pessoal deve ser capaz de reportar os resultados das suas atividades sem receio de represálias. Deve ter acesso direto ao órgão de gestão (se existir) e à gestão de topo.

A função de compliance anti-suborno deve ser adequadamente **reforçada** com pessoas internas ou externas. A organização pode optar por delegar parte ou a totalidade da função a pessoas externas, mas deve garantir que pessoas específicas têm responsabilidade e autoridade sobre as partes externas da função. A gestão de topo deve monitorizar e avaliar a eficácia das ações tomadas para garantir a competência do pessoal.

A **alocação de recursos adequados** e de **pessoal competente para a função de compliance anti-suborno** são essenciais para o sucesso do Módulo 7: Suporte e, consequentemente, para a eficácia do SGAS. A organização deve garantir que tem os recursos necessários para implementar e manter o SGAS e que o pessoal responsável pelo compliance tem a competência, o estatuto, a autoridade e a independência necessárias para desempenhar o seu papel de forma eficaz.

Competência

A competência é definida como a capacidade de aplicar conhecimentos e habilidades para alcançar os resultados pretendidos. Este tema é crucial, pois um sistema de gestão anti-suborno depende da capacidade do pessoal para compreender e executar as suas funções de forma adequada.

Determinação da Competência Necessária para o Pessoal

A organização deve **determinar a competência necessária** para o pessoal que realiza trabalho sob o seu controlo e que afeta o seu desempenho anti-suborno. Esta determinação deve considerar:

- **Funções e responsabilidades**: A organização deve identificar as tarefas e responsabilidades de cada função e determinar as competências necessárias para a sua execução.
- **Riscos de suborno**: A avaliação dos riscos de suborno deve identificar as áreas onde a competência do pessoal é crucial para mitigar esses riscos.
- **Objetivos do SGAS**: A competência necessária deve estar alinhada com os objetivos do sistema de gestão anti-suborno, garantindo que o pessoal tem as habilidades para alcançá-los.
- **Requisitos legais e regulamentares**: A organização deve assegurar que o pessoal tem conhecimento dos requisitos legais e regulamentares relevantes para as suas funções.
- **Complexidade dos processos**: A complexidade dos processos e as suas interações influenciam a competência necessária.

Esta análise permitirá definir os níveis de **conhecimento, habilidades** e **experiência** que o pessoal necessita para desempenhar as suas funções de forma eficaz e eficiente. A organização deve documentar esta análise para referência futura.

Garantir que o Pessoal é Competente com Base na Educação, Formação ou Experiência

A organização deve **garantir que o pessoal é competente** com base na sua educação, formação ou experiência apropriadas. Isto pode incluir:

- **Educação**: A organização pode definir requisitos de educação formal para certas funções, assegurando que o pessoal tem uma base sólida de conhecimento.
- **Formação**: A organização pode fornecer formação específica em anti-suborno, incluindo as suas políticas, procedimentos e as suas responsabilidades no SGAS. A formação deve ser adaptada às diferentes funções e níveis de risco. A formação presencial é recomendada para aqueles envolvidos em operações com mais do que um baixo risco de suborno. É necessário também, um programa de formação contínua que seja atualizado para refletir novas informações.
- **Experiência**: A organização pode exigir experiência prévia relevante para certas funções, assegurando que o pessoal tem conhecimento prático e é capaz de desempenhar as suas funções de forma eficaz.
- **Coaching e Mentoria**: Para além da formação formal, pode ser disponibilizado *coaching* ou mentoria para ajudar o pessoal a desenvolver as suas competências.
- **Avaliação da Eficácia**: A organização deve avaliar a eficácia das ações tomadas para adquirir e manter a competência, garantindo que o pessoal está realmente preparado para as suas funções.

A organização pode, ainda, realizar entrevistas para avaliar se o pessoal compreende e aceita a importância do cumprimento da política anti-suborno.

Manutenção de Informação Documentada como Evidência de

Competência

A organização deve **manter informação documentada** como evidência da competência do pessoal. Esta informação pode incluir:

- **Registos de educação e formação**: A organização deve manter registos de formação que comprovem que o pessoal completou com sucesso programas de formação relevantes.
- **Certificados e qualificações**: Se aplicável, a organização deve manter cópias de certificados e outras qualificações que comprovem a competência do pessoal.
- **Avaliações de desempenho**: As avaliações de desempenho devem incluir avaliações sobre a competência do pessoal em relação ao sistema de gestão anti-suborno.
- **Matrizes de Competências**: A organização deve ter matrizes de competências que mostrem as competências necessárias para cada função e a competência real do pessoal nessas funções.
- **Planos de desenvolvimento**: Os planos de desenvolvimento individual devem demonstrar o compromisso da organização com a melhoria contínua da competência do pessoal.
- **Registos de ações tomadas**: A organização deve manter registos das ações tomadas para adquirir e manter as competências, incluindo reatribuição de pessoal, contratação ou *outsourcing*.

A informação documentada deve ser controlada para garantir a sua **disponibilidade, adequação e proteção.** A organização deve rever e atualizar regularmente a informação documentada para refletir quaisquer mudanças nas funções, riscos ou requisitos regulamentares.

A gestão da competência é essencial para a eficácia de um SGAS. A organização deve determinar, garantir e manter a competência do pessoal através de uma combinação de educação, formação, experiência e outras ações, assegurando que todos os envolvidos estão devidamente preparados para cumprir as suas funções na prevenção e combate ao suborno.

Consciencialização e Formação

A **consciencialização** garante que todos os membros da organização compreendem a importância do combate ao suborno e o seu papel nesse processo, enquanto a **formação** fornece o conhecimento e as habilidades necessárias para implementar as políticas e procedimentos anti-suborno.

Promoção da Consciencialização sobre Políticas e Procedimentos Anti-Suborno

A organização deve **promover a consciencialização** sobre as políticas e procedimentos anti-suborno entre todos os funcionários e *stakeholders*. Isso envolve garantir que:

- **Todos compreendem a política anti-suborno**: A política deve ser clara, concisa e acessível a todos, devendo ser comunicada de forma eficaz. A política deve ser apropriada para o propósito da organização e deve incluir um compromisso com a melhoria contínua do SGAS.
- **Todos compreendem os riscos de suborno**: O pessoal deve estar ciente dos riscos de suborno relevantes para as suas funções e como as suas ações podem contribuir para esses riscos. É essencial que todos compreendam os riscos de suborno e os danos que podem causar à organização.
- **Todos compreendem os procedimentos anti-suborno**: O pessoal deve conhecer os procedimentos a seguir para prevenir, detetar e reportar o suborno. A organização deve garantir que todos os funcionários compreendem os procedimentos de reporte e são capazes de os utilizar, bem como que têm conhecimento dos seus direitos e proteções ao abrigo desses procedimentos.

- **A comunicação seja eficaz**: A organização deve usar diversos canais de comunicação (reuniões, *e-mails*, murais, intranet, etc.) para transmitir mensagens sobre a importância do sistema de gestão anti-suborno. Os canais de comunicação internos e externos devem ser estabelecidos, implementados e mantidos para o SGAS. A organização deve determinar o que, quando, com quem, como comunicar e quem será responsável pela comunicação.
- **A informação seja acessível**: A organização deve garantir que as políticas, procedimentos e informações relevantes estejam acessíveis a todos os funcionários e partes interessadas. Se aplicável, as políticas e materiais relacionados devem ser traduzidos para as línguas usadas na organização e devem ser acessíveis a pessoas com deficiência.
- **A liderança esteja envolvida**: O envolvimento da liderança em campanhas de consciencialização demonstra o seu compromisso com o comportamento ético. Os líderes devem dar o exemplo, cumprindo as políticas e discutindo abertamente a importância da conformidade.
- **As campanhas sejam regulares**: As campanhas de consciencialização devem ser implementadas regularmente para manter os riscos de suborno presentes na mente dos funcionários e incentivar o reporte de potenciais violações.

A promoção da consciencialização deve ser um processo contínuo, que é crucial para a prevenção da corrupção e para a proteção da reputação e integridade da organização.

Formação Adequada para o Pessoal

A organização deve fornecer **formação adequada** para o pessoal, adaptada às suas funções e riscos de suborno. Esta formação deve abranger:

- **Políticas e procedimentos anti-suborno**: A formação deve abordar os elementos-chave das políticas, as leis anti-suborno, os sinais de alerta e os mecanismos de reporte. A formação deve explicar as consequências da violação da política anti-suborno.

- **Riscos de suborno**: A formação deve explicar os riscos de suborno específicos para a organização e as suas operações. Os riscos de suborno devem ser identificados e avaliados.
- **Responsabilidades individuais**: O pessoal deve compreender as suas responsabilidades individuais no âmbito do sistema de gestão anti-suborno. Devem saber o que é esperado deles no combate ao suborno.
- **Como reportar**: A formação deve fornecer orientação sobre como reportar suspeitas de suborno, incluindo os canais disponíveis e a proteção de denunciantes. Devem ser estabelecidos mecanismos para que os funcionários possam reportar preocupações de forma segura e confidencial.
- **Cenários práticos**: A formação deve incluir cenários práticos ou estudos de caso para ajudar o pessoal a reconhecer situações de risco e a aplicar as políticas e procedimentos.
- **Formação adaptada**: A formação deve ser adaptada a diferentes funções e níveis dentro da organização, garantindo que o conteúdo seja relevante para as tarefas específicas. Para funções de alto risco, como aquelas envolvidas em transações de alto valor ou em regiões com histórico de suborno, pode ser necessária formação mais específica.
- **Formação regular e atualizada**: A formação deve ser fornecida regularmente, em intervalos planeados, e ser atualizada para refletir novas informações ou mudanças nas políticas e regulamentos. Devem ser disponibilizados cursos de atualização periódicos.
- **Formação para associados de negócios**: A formação deve ser também aplicada a associados de negócios que atuem em nome da organização ou para seu benefício, que possam representar mais do que um baixo risco de suborno. A formação de associados de negócios pode ser comunicada através de requisitos contratuais ou semelhantes, e pode ser implementada pela organização, pelo associado ou por outros.

- **Métodos de formação**: A formação pode ser conduzida *online*, presencial (sessões em sala de aula, *workshops*, discussões em mesa redonda) ou por sessões individuais. O método de formação é menos importante do que o resultado, que é o de que todo o pessoal relevante compreenda as questões.
- **Avaliação da eficácia da formação**: A organização deve avaliar a eficácia dos programas de formação, verificando se os funcionários compreendem e são capazes de aplicar os conhecimentos e procedimentos.

A formação adequada e a consciencialização são essenciais para a criação de uma cultura de ética e conformidade. A organização deve, assim, investir em programas abrangentes de formação para garantir a implementação eficaz do seu sistema de gestão anti-suborno.

Comunicação no Sistema de Gestão Anti-Suborno

A **comunicação** desempenha um papel crucial na eficácia de um sistema de gestão anti-suborno. Uma comunicação clara, transparente e abrangente ajuda a criar uma cultura de integridade e a garantir que todos os *stakeholders* estão cientes dos riscos de suborno e das políticas e procedimentos da organização para os mitigar.

Estabelecimento de Processos para Comunicação Interna e Externa

A organização deve estabelecer processos eficazes para a **comunicação** tanto **interna** como **externa**. Isto inclui:

- **Definição de canais de comunicação**: A organização deve determinar quais os canais de comunicação mais adequados para atingir os seus objetivos de comunicação interna e externa. Estes canais podem incluir reuniões, *e-mails*, intranet, murais, comunicados oficiais, formações, *workshops*, *newsletters*, *websites* e outros meios. A escolha dos canais deve ter em conta a diversidade de *stakeholders* e as suas preferências de comunicação.

- **Implementação de um sistema de gestão de comunicação**: A organização deve implementar um sistema que garanta que as comunicações sejam planeadas, executadas, monitorizadas e avaliadas. Este sistema deve ser capaz de lidar com comunicações de rotina e com comunicações emergenciais.
- **Responsabilidades de comunicação**: As responsabilidades de comunicação devem ser definidas e atribuídas para garantir que a informação certa seja transmitida às pessoas certas no momento certo. Deve ser claro quem é responsável por gerir os diferentes canais de comunicação e por criar e aprovar mensagens.
- **Respostas a comunicações externas**: A organização deve estabelecer um processo para receber e responder a comunicações relevantes de *stakeholders* externos relativamente ao sistema de gestão anti-suborno. Estas respostas devem ser apropriadas e oportunas.

Definição de O Quê, Quando, Com Quem, Como, Quem e Em Que Línguas Comunicar

A organização deve definir claramente os seguintes aspetos da sua estratégia de comunicação:

- **O quê comunicar**: Deve ser definido o conteúdo das comunicações. Isto deve incluir informação sobre a política anti-suborno da organização, os riscos de suborno, os procedimentos para reportar casos suspeitos, as responsabilidades de cada um e as consequências de violações das políticas. As comunicações devem ser adaptadas aos diferentes públicos e devem utilizar uma linguagem clara e acessível.
- **Quando comunicar**: Deve ser definido o momento certo para comunicar. A comunicação deve ser feita regularmente, por exemplo,

no início de um novo contrato ou projeto, durante as sessões de formação, e também deve ser feita sempre que haja alterações significativas nas políticas ou procedimentos. A comunicação também pode ser feita em resposta a incidentes ou preocupações levantadas pelos *stakeholders*.

- **Com quem comunicar**: A comunicação deve ser direcionada a todos os *stakeholders* relevantes, incluindo funcionários de todos os níveis, associados de negócios, fornecedores, clientes, e outras partes interessadas. As mensagens devem ser adaptadas às necessidades e expetativas de cada grupo.
- **Como comunicar**: A organização deve definir os métodos de comunicação mais adequados para cada situação. Isto pode incluir métodos formais (por exemplo, políticas escritas, comunicados oficiais) e métodos informais (por exemplo, discussões em grupo, sessões de *feedback*). A comunicação deve ser acessível, utilizando uma linguagem clara e exemplos.
- **Quem comunica**: Deve ser definido quem é responsável por comunicar em cada situação. As responsabilidades devem ser atribuídas com base na competência e credibilidade de cada pessoa. A liderança deve demonstrar o seu compromisso através de comunicações regulares.
- **Em que línguas comunicar**: A comunicação deve ser feita em todas as línguas relevantes para os *stakeholders* da organização. As políticas e materiais de comunicação devem ser traduzidos para as línguas comuns da organização e devem estar acessíveis a pessoas com deficiências.

Disponibilização da Política Anti-Suborno

A **política anti-suborno** deve ser **disponibilizada a todos** os funcionários da organização e a associados de negócios. Isto significa que a política deve:

- Ser **documentada**: A política anti-suborno deve ser documentada e mantida de forma acessível.
- Ser **comunicada**: A política deve ser comunicada diretamente a funcionários e associados de negócios, especialmente aqueles que representam um risco de suborno mais do que baixo.
- Estar **disponível**: A política deve ser publicada nos canais de comunicação internos e externos da organização, conforme apropriado.
- Ser **entendida**: A política deve ser comunicada em linguagens apropriadas, para garantir que todos a compreendem.
- Ser **acessível**: A política deve ser acessível e estar disponível para consulta sempre que necessário.
- Ser **revisível**: A política deve ser revista periodicamente para garantir que continua a ser relevante e eficaz.

Ao implementar estes processos de comunicação, a organização pode assegurar que o seu sistema de gestão anti-suborno seja eficaz e que todos os *stakeholders* estejam cientes e envolvidos na luta contra o suborno.

Informação Documentada no Sistema de Gestão Anti-Suborno

A **informação documentada** é essencial para o funcionamento eficaz de um sistema de gestão anti-suborno. Ela fornece evidências de que os processos estão a ser implementados conforme planeado, define responsabilidades e garante que a informação necessária está disponível para todos os *stakeholders* relevantes. A norma ISO 37001 especifica os requisitos para a criação, atualização e controlo da informação documentada.

Informação Exigida pela Norma e Necessária para o Sistema de Gestão Anti-Suborno

A norma ISO 37001 exige que a organização mantenha **informação documentada** para demonstrar a conformidade do seu sistema de gestão anti-suborno. Esta informação inclui:

- **Documentos obrigatórios**:
  - O **âmbito** do sistema de gestão anti-suborno.
  - A **política anti-suborno.**
  - Os **objetivos** do sistema de gestão anti-suborno.
  - Os **procedimentos** de formação.
  - A **evidência de competência** do pessoal.
  - Os **resultados** das auditorias internas.
  - Os resultados das **revisões da gestão.**
  - A **natureza das não conformidades** e quaisquer ações corretivas subsequentes.
  - A evidência de **comunicações.**
  - A evidência dos **métodos e resultados** da monitorização.
  - A evidência de **implementação do programa de auditoria.**
  - A **avaliação do risco de suborno.**

- **Informação documentada** que a organização considera **necessária** para a eficácia do SGAS:

  - **Processos** e **procedimentos** de controlo.
  - **Resultados** de *due diligence.*
  - **Registos** de atividades e transações.
  - **Comunicação** de riscos.
  - **Registos** de formação e competência.
  - **Resultados** de avaliação de desempenho.

A **extensão da informação documentada** pode variar de organização para organização dependendo de vários fatores, tais como:

- O tamanho da organização e o tipo de atividades.
- A complexidade dos processos e suas interações.
- A competência do pessoal.

A informação documentada pode ser mantida separadamente ou como parte de outros sistemas de gestão.

Criação e Atualização da Informação Documentada

A organização deve garantir que a informação documentada é criada e atualizada de forma adequada. Isto inclui:

- **Identificação e descrição**: Cada documento deve ter um título, data, autor ou número de referência.
- **Formato e meio**: A informação deve ser apresentada num formato adequado, como a língua, versão de *software*, gráficos, e em formatos como papel ou eletrónico.
- **Revisão e aprovação**: A informação deve ser revista e aprovada para garantir que é adequada e suficiente.
- **Atualização regular**: A informação documentada deve ser revista e atualizada sempre que necessário para garantir que se mantém precisa e relevante.

Controlo da Informação Documentada

A organização deve controlar a informação documentada para garantir que:

- **Disponibilidade e adequação**: A informação deve estar disponível e adequada
- para uso onde e quando for necessário.
- **Proteção adequada**: A informação deve ser protegida contra perda de confidencialidade, uso impróprio ou perda de integridade.
- **Controlo de acesso**: Os acessos à informação devem ser controlados, com a atribuição de permissões para visualizar ou alterar os documentos.
- **Distribuição, acesso e recuperação**: A organização deve ter procedimentos para controlar a distribuição, acesso e recuperação da informação documentada.
- **Armazenamento e preservação**: A informação deve ser armazenada e preservada para garantir que se mantém legível e disponível ao longo do tempo.
- **Controlo de alterações**: As alterações à informação devem ser controladas (por exemplo, com controlo de versão).
- **Retenção e eliminação**: A informação documentada deve ser retida durante um período apropriado e eliminada quando já não for necessária.
- **Informação de origem externa**: A organização deve identificar e controlar a informação de origem externa que seja necessária para o planeamento e operação do SGAS.

Ao implementar estes processos de gestão da informação documentada, a organização pode assegurar que o seu sistema de gestão anti-suborno é eficaz, transparente e cumpre os requisitos da norma ISO 37001.

Módulo 8: Operação

Este módulo centra-se na tradução dos requisitos e planeamentos definidos nas fases anteriores do SGAS em ações concretas e controladas no dia-a-dia da organização. O objetivo é garantir que os riscos de suborno sejam geridos de forma proativa e que os controlos implementados sejam eficazes.

Este módulo abrange uma série de **medidas e controlos** que representam boas práticas anti-suborno a nível global. A norma é flexível e adaptável a uma vasta gama de organizações, incluindo grandes empresas, pequenas e médias empresas (PMEs), organizações do setor público e privado, e organizações não-governamentais (ONGs). Inclui os seguintes aspetos principais:

Planeamento, Implementação, Controlo e Revisão dos Processos Necessários

A norma ISO 37001 exige que a organização **planeie, implemente, controle e revise** os processos necessários para cumprir os requisitos do sistema de gestão anti-suborno. Este ciclo de melhoria contínua (PDCA - Plan, Do, Check, Act) é essencial para a eficácia do SGAS.

- **Planeamento:** A organização deve **planear** os processos necessários para implementar as ações determinadas na fase de planeamento (Módulo 6). Isto inclui definir os objetivos e os resultados esperados para cada processo. É também necessário identificar os recursos necessários para a implementação eficaz dos processos e definir os critérios que serão utilizados para avaliar o seu sucesso.
- **Implementação:** A organização deve **implementar** os processos planeados. Isto implica a execução das atividades planeadas, a alocação dos recursos necessários e a garantia de que as pessoas envolvidas têm

as competências necessárias. A **implementação** também inclui a definição de responsabilidades e a comunicação clara das tarefas.

- **Controlo:** A organização deve **controlar** os processos para garantir que eles estão a ser executados conforme planeado e que os objetivos estão a ser alcançados. Isso pode envolver a monitorização regular dos processos, a verificação da conformidade com os critérios estabelecidos e a recolha de dados para avaliar o desempenho. A organização também deve controlar as alterações planeadas e rever as consequências das alterações não intencionais, tomando medidas para mitigar quaisquer efeitos adversos.
- **Revisão:** A organização deve **rever** os processos para identificar áreas de melhoria e ajustar os processos quando necessário. Isto pode envolver a análise dos resultados da monitorização e do controlo, bem como a recolha de *feedback* das pessoas envolvidas nos processos. A revisão é fundamental para a melhoria contínua do SGAS.

Este ciclo garante que os processos são adequados e eficazes, que são feitos os ajustes necessários e que as ações implementadas contribuem para mitigar os riscos de suborno identificados.

Estabelecimento de Critérios para os Processos

Um aspeto essencial do planeamento e controlo operacional é o **estabelecimento de critérios** para os processos. Esses critérios servem como referência para avaliar a eficácia dos processos e garantir que eles estão a ser executados de forma consistente. Os critérios devem ser claros, mensuráveis e adequados aos objetivos do SGAS.

O estabelecimento de critérios para os processos envolve:

- **Definição de objetivos:** Cada processo deve ter objetivos claros que estejam alinhados com a política e os objetivos anti-suborno da organização. Os objetivos devem ser específicos, mensuráveis, alcançáveis, relevantes e com prazos definidos (SMART). Por exemplo, num processo de *due diligence*, um objetivo poderia ser verificar a reputação de todos os associados de negócios de alto risco antes do início de qualquer contrato.

- **Identificação de indicadores de desempenho:** Para cada processo, devem ser definidos indicadores de desempenho (KPIs) que permitam avaliar se os objetivos estão a ser alcançados. Os KPIs podem ser quantitativos (por exemplo, número de transações revistas) ou qualitativos (por exemplo, nível de satisfação das partes interessadas). Os KPIs são usados no **Módulo 9: Avaliação de Desempenho**.
- **Estabelecimento de procedimentos:** Cada processo deve ter procedimentos documentados que descrevam as etapas a serem seguidas, as responsabilidades das pessoas envolvidas e os controlos a serem implementados. Os procedimentos devem ser claros, concisos e acessíveis a todos os envolvidos.
- **Definição de limites de controlo:** Em cada processo, devem ser definidos limites de controlo que estabeleçam os níveis aceitáveis de desempenho. Quando um processo está fora dos limites de controlo, devem ser tomadas medidas corretivas para trazer o processo de volta ao controlo.
- **Documentação:** Os critérios para os processos devem ser documentados de forma clara e concisa e devem estar disponíveis para todas as pessoas envolvidas.

Ao estabelecer critérios claros para os processos, a organização pode garantir que o SGAS é implementado de forma consistente e eficaz, e que os riscos de suborno são geridos de forma proativa. A organização deve também manter **informação documentada** para demonstrar que os processos foram realizados conforme planeado.

Due Diligence

A **Due Diligence** (diligência devida) é um componente crucial do **Módulo 8: Operação** da norma ISO 37001, focando-se na **avaliação e gestão proativa dos riscos de suborno** associados a diversas áreas da organização. O principal objetivo da *due diligence* é obter informações suficientes para avaliar a natureza e a extensão dos riscos de suborno, permitindo à organização tomar decisões informadas sobre a forma de gerir esses riscos.

Avaliação de Riscos em Transações, Projetos, Atividades, Associados de Negócios e Pessoal

A *due diligence*, no âmbito da norma ISO 37001, não é um processo único, mas sim um conjunto de avaliações adaptadas aos diferentes contextos de risco que uma organização enfrenta. A norma estabelece que a organização deve realizar *due diligence* em situações onde o risco de suborno seja avaliado como **superior a baixo**. Estas situações incluem:

- **Transações, projetos e atividades específicas:** A organização deve avaliar os riscos de suborno associados a transações, projetos e atividades específicas. Isto pode incluir, por exemplo, projetos de construção de grande escala, contratos de fornecimento complexos, ou aquisições de empresas. A avaliação deve considerar a **complexidade, o valor financeiro, a localização geográfica e o envolvimento de terceiros**, entre outros fatores.
- **Associados de negócios:** A *due diligence* em associados de negócios é fundamental, pois estes podem representar um risco significativo de suborno para a organização. Os associados de negócios incluem, entre outros, agentes, consultores, distribuidores, fornecedores, *joint ventures* e intermediários. A avaliação deve considerar fatores como a **legitimidade da entidade, a sua reputação, a sua experiência e os seus controlos anti-suborno**. O nível de *due diligence* deve ser proporcional ao risco.
- **Pessoal:** A organização deve realizar *due diligence* em relação a **cargos de pessoal** que apresentem maior risco de suborno. Isto inclui

cargos com poder de decisão, acesso a informações sensíveis ou envolvimento em transações de alto valor. A *due diligence* em pessoal pode incluir **verificação de antecedentes, revisão de qualificações e avaliação do alinhamento com a política anti-suborno da organização.**

A avaliação de riscos deve ser contínua, atualizando a *due diligence* numa **frequência definida** para ter em conta mudanças e novas informações. A organização deve avaliar o nível de risco de suborno associado a cada transação, projeto, atividade, associado de negócio ou cargo de pessoal e definir os processos de *due diligence* adequados a cada nível de risco. A norma ISO 37001 permite que a organização conclua que pode ser desnecessário, irracional ou desproporcionado realizar *due diligence* em certas categorias de pessoal ou associados de negócios.

Implementação de Processos de Due Diligence

A implementação de processos de *due diligence* eficazes envolve várias etapas:

- **Definição de procedimentos:** A organização deve estabelecer procedimentos claros e documentados para conduzir a *due diligence* em cada área de risco identificada. Os procedimentos devem descrever as etapas a serem seguidas, as fontes de informação a serem consultadas e as responsabilidades das pessoas envolvidas. Os procedimentos devem ser adaptados aos riscos específicos da organização e podem incluir questionários, entrevistas, pesquisas em bases de dados e análise de documentos.
- **Recolha de informações:** Os processos de *due diligence* devem incluir a recolha de informações relevantes para avaliar o risco de suborno. As fontes de informação podem incluir **documentos da empresa (como registos comerciais, contas anuais, informações**

fiscais), referências, notícias, histórico de litígios e informações sobre ligações políticas.

- **Análise de informações:** As informações recolhidas devem ser analisadas para identificar quaisquer sinais de alerta (*red flags*) que possam indicar um risco de suborno. Os sinais de alerta podem incluir **transações pouco claras, pagamentos em países de alto risco, relações com funcionários públicos, falta de transparência, informações inconsistentes e recusa em fornecer informações.**
- **Avaliação de riscos:** A avaliação de riscos deve considerar o **impacto potencial de suborno, a probabilidade de ocorrência, a eficácia dos controlos anti-suborno existentes e a tolerância ao risco da organização**. As conclusões da avaliação de riscos devem ser documentadas.
- **Tomada de decisões:** Com base na avaliação de riscos, a organização deve tomar decisões informadas sobre como gerir o risco de suborno. Isto pode incluir **a implementação de controlos adicionais, a revisão dos termos dos contratos, a suspensão ou a rescisão de relações e o não prosseguimento de novas transações.**
- **Monitorização e revisão:** Os processos de *due diligence* devem ser monitorizados e revistos regularmente para garantir que continuam a ser eficazes e adequados aos riscos da organização.

Os processos de *due diligence* devem ser **proporcionais aos riscos enfrentados**. Em situações de alto risco, pode ser necessário realizar uma *due diligence* mais profunda, incluindo a contratação de especialistas externos. É importante notar que a ausência de informação negativa não significa necessariamente que o associado de negócio ou pessoal não represente um risco de suborno. As organizações devem exercer um julgamento racional e prudente, com base nas informações disponíveis, considerando também as atividades que os associados de negócios irão realizar e o risco de suborno inerente a essas atividades.

A *due diligence* é um processo fundamental para a gestão de riscos de suborno. Através da implementação de processos de *due diligence* eficazes, a organização pode **identificar, avaliar e mitigar os riscos de suborno** associados a transações, projetos, atividades, associados de negócios e pessoal, contribuindo para a implementação de um SGAS robusto e credível.

Controlos Financeiros

Os **Controlos Financeiros** são um elemento essencial do **Módulo 8: Operação** da norma ISO 37001, que visa a **prevenção e deteção do suborno através da gestão rigorosa das transações financeiras** de uma organização. Estes controlos são implementados para mitigar o risco de suborno, assegurando que os processos financeiros sejam transparentes, precisos e devidamente documentados. O objetivo principal é **reduzir as oportunidades de suborno** através da criação de mecanismos que dificultem a realização de pagamentos indevidos e a manipulação de registos financeiros.

Implementação de Controlos Financeiros para Gerir o Risco de Suborno

A implementação de controlos financeiros eficazes envolve uma série de medidas e procedimentos que devem ser adaptados ao tamanho, complexidade e perfil de risco de cada organização. A norma ISO 37001 não prescreve controlos específicos, mas fornece orientação sobre os tipos de controlos que as organizações podem considerar. Os controlos financeiros devem ser implementados em todos os níveis da organização, abrangendo diversas áreas, como pagamentos, despesas, aquisições e gestão de contas.

Alguns dos controlos financeiros que as organizações podem implementar incluem:

- **Segregação de funções:** Implementar uma separação de funções de modo que a mesma pessoa não possa iniciar e aprovar um pagamento. Esta medida garante que **nenhuma pessoa tenha controlo total sobre uma transação**, reduzindo o risco de fraude e suborno. Por exemplo, a pessoa que inicia um pagamento não deve ser a mesma que o aprova.

- **Autorização hierárquica:** Estabelecer níveis de aprovação de transações financeiras com base nos montantes envolvidos. Desta forma, as transações de maior valor requerem a aprovação de **níveis superiores de gestão**, aumentando o escrutínio e a supervisão.
- **Verificação de transações:** Implementar processos para verificar se as transações são realizadas de acordo com os procedimentos estabelecidos e que os pagamentos são feitos apenas para bens e serviços efetivamente prestados. Esta medida inclui a **comparação de faturas, ordens de compra e recibos** para assegurar a validade e precisão das transações.
- **Documentação de suporte:** Exigir que todas as transações sejam devidamente documentadas, incluindo faturas, contratos, recibos e outras informações relevantes. A documentação completa e precisa **facilita a rastreabilidade e auditoria das transações**, permitindo identificar quaisquer irregularidades.
- **Limitação do uso de dinheiro em numerário:** Restringir o uso de dinheiro em numerário e promover o uso de meios de pagamento eletrónicos ou transferências bancárias, que são mais fáceis de rastrear e auditar. O manuseio de dinheiro em numerário **aumenta o risco de suborno e lavagem de dinheiro**.
- **Categorização e descrição de pagamentos:** Assegurar que as categorias e descrições dos pagamentos nas contas sejam precisas e claras. Isto é importante para **evitar que os pagamentos de suborno sejam mascarados como despesas legítimas**.
- **Revisão de transações significativas:** Implementar revisões periódicas de gestão das transações financeiras mais significativas. Este processo permite **identificar e corrigir rapidamente quaisquer irregularidades**.

- **Auditoria financeira:** Realizar auditorias financeiras periódicas e independentes. Os auditores devem ser **independentes e rotativos** para evitar conflitos de interesse e aumentar a eficácia da auditoria. As auditorias podem ser internas ou externas e devem ser realizadas por pessoas com experiência e conhecimento em controlo financeiro.
- **Controlo de despesas:** Monitorizar e analisar as despesas, especialmente as relacionadas com viagens, presentes e hospitalidade, para identificar e prevenir o uso indevido de fundos para suborno.
- **Mecanismos eficientes para rastrear transações**: Implementar mecanismos eficientes para rastrear transações. Os sistemas de rastreamento devem ser precisos, completos e oportunos e permitir que a organização identifique quaisquer irregularidades.
- **Implementar metodologias de investigação robustas e due diligence**. As metodologias devem ser adaptadas ao risco de suborno da organização. A organização deve ter um plano claro sobre como realizar investigações de alegações de suborno e deve realizar due diligence em todas as áreas relevantes.

Além destes controlos, as organizações também podem utilizar a tecnologia para automatizar os processos de controlo financeiro. Isso pode incluir o uso de sistemas de planeamento de recursos empresariais (ERP), sistemas de gestão financeira e ferramentas de análise de dados para identificar anomalias e padrões suspeitos.

Os controlos financeiros devem ser **implementados de forma integrada com outros controlos anti-suborno**, como os controlos não financeiros, a *due diligence* e a formação dos funcionários. O objetivo é criar um sistema abrangente e eficaz para a prevenção, deteção e resposta ao suborno.

É importante notar que os controlos financeiros **não são uma solução infalível**, mas sim uma ferramenta que, quando usada corretamente, pode reduzir significativamente o risco de suborno. A eficácia dos controlos financeiros depende de vários fatores, incluindo a sua conceção, implementação, monitorização e revisão.

Controlos Não Financeiros

Os **Controlos Não Financeiros** são implementados para mitigar o risco de suborno em áreas como **compras, vendas, recursos humanos, atividades legais e outras operações.** O objetivo principal é **reduzir as oportunidades de suborno**, assegurando que os processos não financeiros sejam transparentes, justos e devidamente controlados.

Implementação de Controlos Não Financeiros

A implementação de controlos não financeiros eficazes envolve uma série de medidas e procedimentos que devem ser adaptados ao tamanho, complexidade e perfil de risco de cada organização. A norma ISO 37001 não prescreve controlos específicos, mas fornece orientação sobre os tipos de controlos que as organizações podem considerar. Os controlos não financeiros devem ser implementados em todos os níveis da organização, abrangendo diversas áreas, tais como:

- **Compras:** A área de compras é particularmente vulnerável ao suborno, devido à complexidade das cadeias de fornecimento e ao elevado valor das transações envolvidas. Os controlos não financeiros em compras podem incluir:

    - **Processos de seleção de fornecedores:** Implementar processos rigorosos de *due diligence* para avaliar a idoneidade e o histórico dos potenciais fornecedores. A seleção deve ser baseada em critérios objetivos e transparentes.

    - **Concorrência transparente:** Adotar processos de concurso público transparentes e justos, com critérios de avaliação bem definidos e documentados.

- **Avaliação de propostas:** Assegurar que as propostas são avaliadas por um grupo de pessoas com as qualificações necessárias e que as decisões são devidamente fundamentadas.

- **Contratos:** Exigir que os contratos sejam revistos por pessoal com as competências necessárias, incluindo assessoria jurídica, antes de serem assinados.

- **Monitorização de fornecedores:** Monitorizar o desempenho dos fornecedores ao longo do tempo e tomar medidas corretivas se necessário.

- **Rotação de fornecedores:** Implementar a rotação de fornecedores periodicamente para evitar o surgimento de relações privilegiadas que possam levar a suborno.

• **Vendas e Comercial:** As atividades de vendas e comerciais podem também envolver riscos de suborno, especialmente em situações em que há pressão para atingir metas e obter contratos. Os controlos não financeiros em vendas e comercial podem incluir:

- **Códigos de conduta:** Estabelecer códigos de conduta claros que definam os comportamentos aceitáveis e inaceitáveis em relação a clientes e outras partes interessadas.

- **Políticas de presentes e hospitalidade:** Implementar políticas rigorosas sobre a oferta e a receção de presentes e hospitalidade, estabelecendo limites claros para evitar a perceção de suborno.

- **Contratos:** Assegurar que os contratos de venda são transparentes e que as comissões são pagas de forma ética e transparente.

○ **Monitorização de atividades comerciais:** Monitorizar as atividades de vendas e comerciais para identificar padrões suspeitos ou comportamentos inadequados.

- **Recursos Humanos:** A gestão de recursos humanos pode também apresentar riscos de suborno, como a contratação de pessoal com base em critérios não objetivos ou a manipulação de processos de avaliação e promoção. Os controlos não financeiros em recursos humanos podem incluir:

○ **Recrutamento e seleção:** Implementar processos rigorosos de recrutamento e seleção, com a verificação de referências e a análise de conflitos de interesse.

○ **Avaliação de desempenho:** Assegurar que as avaliações de desempenho são baseadas em critérios objetivos e que os processos de promoção são transparentes.

○ **Políticas de conflitos de interesse:** Implementar políticas claras sobre conflitos de interesse, com a obrigação de os funcionários revelarem quaisquer situações que possam comprometer a sua imparcialidade.

○ **Formação anti-suborno:** Fornecer formação regular a todos os funcionários sobre a política anti-suborno da organização e os procedimentos de controlo.

○ **Condições de emprego:** Incluir nos contratos de trabalho uma referência à necessidade de cumprir a política anti-suborno e as consequências de eventuais incumprimentos.

  - **Proteção de denunciantes:** Garantir que os funcionários não são penalizados por denunciar suspeitas de suborno ou outras atividades ilegais.

- **Atividades Legais:** As atividades legais podem incluir a gestão de contratos e outros documentos importantes da empresa. Os controlos não financeiros nesta área podem incluir:

  - **Revisão legal:** Exigir que todos os contratos e documentos legais sejam revistos por advogados internos ou externos com as qualificações necessárias.

  - **Registo de documentos:** Manter um registo adequado de todos os contratos e outros documentos legais, com um controlo de acesso rigoroso.

  - **Gestão de reclamações:** Estabelecer um processo transparente para a gestão de reclamações e litígios.

- **Outras áreas:** Outras áreas onde controlos não financeiros podem ser aplicados são:

  - **Operações:** Implementar procedimentos de controlo para as atividades operacionais, garantindo que os processos são realizados de forma eficiente e ética.

  - **Marketing e comunicação:** Assegurar que as campanhas de marketing e comunicação são éticas e transparentes, sem práticas de suborno ou favorecimento.

Adicionalmente, outros controlos não financeiros podem ser implementados, tais como:

- **Aprovação de contratos:** Exigir a assinatura de pelo menos duas pessoas em contratos e em documentos que alterem os termos de um contrato ou que aprovem o trabalho realizado.
- **Supervisão de gestão:** Colocar um nível mais elevado de supervisão de gestão em transações potencialmente de alto risco de suborno.
- **Proteção de informações:** Proteger a integridade de concursos e outras informações sensíveis a preços, restringindo o acesso a pessoas apropriadas.
- **Ferramentas e modelos:** Fornecer ferramentas e modelos adequados para ajudar o pessoal (por exemplo, orientação prática, listas de verificação, formulários, fluxos de trabalho de TI).

Os controlos não financeiros devem ser **implementados de forma integrada com outros controlos anti-suborno**, como os controlos financeiros, a *due diligence* e a formação dos funcionários. O objetivo é criar um sistema abrangente e eficaz para a prevenção, deteção e resposta ao suborno.

Implementação de Controlos Anti-Suborno por Organizações Controladas e Associados de Negócios

A norma ISO 37001 estabelece que as organizações devem implementar procedimentos para garantir que **organizações controladas e associados de negócios** adotem medidas anti-suborno. Este requisito reflete o facto de que estas entidades podem apresentar um **risco de suborno** para a organização. A norma reconhece que as organizações podem ser responsabilizadas por subornos pagos por subsidiárias ou outros associados. O objetivo é mitigar este risco, garantindo que as entidades controladas e os associados de negócios implementem controlos anti-suborno adequados.

Definições

- **Organizações controladas:** São entidades sobre as quais a organização tem **controlo direto ou indireto** da sua gestão. O controlo pode ser exercido através de **maioria de votos no conselho de administração ou participação maioritária**. Uma organização não tem controlo sobre outra apenas por ter um grande volume de negócios com essa organização.
- **Associados de negócios:** São partes externas com as quais a organização tem ou planeia estabelecer uma relação comercial. Incluem **agentes, consultores, fornecedores, subcontratados, e outros intermediários.**

Procedimentos para Implementação de Controlos Anti-Suborno

A norma ISO 37001 requer que as organizações implementem procedimentos que garantam que as organizações controladas e os associados de negócios adotem medidas anti-suborno. Os procedimentos devem ser **proporcionais e razoáveis** em relação aos riscos de suborno que cada entidade enfrenta.

Organizações Controladas

Para organizações sobre as quais a organização tem controlo, a norma exige que a organização implemente procedimentos que requeiram que essas entidades:

- **Implementem o mesmo sistema de gestão anti-suborno** que a organização ou

- **Implementem os seus próprios controlos anti-suborno.** Em ambos os casos, os controlos implementados devem ser **adequados aos riscos de suborno** que a organização controlada enfrenta, tendo em consideração a avaliação de risco de suborno. O nível de controlo implementado deve ser razoável e proporcional, considerando o risco de suborno enfrentado pela organização controlada.
- **Expetativa:** É razoável esperar que as organizações exijam que as suas controladas implementem controlos anti-suborno.

Associados de Negócios

Para os associados de negócios, o processo é um pouco diferente, pois a organização não tem controlo direto sobre estes. Nestes casos, as organizações devem implementar procedimentos que requerem que:

· **Avaliação inicial:** A organização deve primeiro determinar se o associado de negócios tem **controlos anti-suborno** implementados que gerem os riscos de suborno relevantes.

· **Ações adicionais:** Se o associado de negócios não tiver controlos anti-suborno ou se não for possível verificar a sua existência, a organização deve:

○ **Exigir a implementação de controlos:** Se for **praticável**, a organização deve exigir que o associado implemente controlos anti-suborno em relação à transação, projeto ou atividade relevante. A praticabilidade depende da influência da organização sobre o associado. Por exemplo, quando a organização nomeia um agente para atuar em seu nome numa transação, ou quando nomeia um subcontratado com um grande âmbito de trabalho, é normalmente praticável impor condições de controlo.

○ **Medidas alternativas:** Se **não for praticável** exigir a implementação de controlos, a organização deve considerar outras ações, como:

▪ Implementar controlos **adicionais ou reforçados.**

▪ Tomar outras medidas apropriadas para gerir os riscos de suborno relevantes.

▪ **Terminar ou suspender a relação:** Se o associado se envolver em suborno, a organização deve poder terminar ou suspender a relação. A organização deve poder terminar a relação caso não seja possível implementar os controlos.

▪ **Pós-por ou recusar a relação:** Em caso de nova transação, projeto, atividade ou relacionamento, a organização deve suspender ou recusar continuar com a relação.

○ **Verificação da implementação:** Verificar se o associado de negócios tem controlos anti-suborno implementados e verificar se eles são eficazes.

Foco nos riscos: Os controlos devem operar apenas em relação à transação entre a organização e o associado de negócios. É importante que a organização identifique os principais riscos de suborno e exija que o associado tenha implementado controlos sobre esses riscos.

Exemplos: Os riscos de suborno de associados de negócios podem incluir o pagamento de subornos a clientes da organização, o pagamento de subornos a gestores da organização em troca de um contrato.

Outros aspetos importantes

- **Due diligence:** A *due diligence* de associados de negócios e outras partes é um elemento crucial para mitigar riscos de suborno. As avaliações de *due diligence* devem ser adaptadas ao nível de risco apresentado por cada associado de negócios.
- **Monitorização contínua:** Os controlos anti-suborno implementados devem ser monitorizados e avaliados continuamente para garantir a sua eficácia. As organizações devem usar indicadores chave de desempenho (KPIs) para medir a eficácia dos seus controlos anti-suborno.
- **Comunicação:** A política anti-suborno deve ser comunicada a todos os associados de negócios e outras partes interessadas. Deve existir um mecanismo para que os associados de negócios possam reportar preocupações sobre o suborno.
- **Registo:** A organização deve manter registos documentados das suas ações e decisões relativas à implementação de controlos anti-suborno.
- **Sanções:** A organização deve ter a capacidade de aplicar sanções a associados de negócios que se envolvam em suborno, incluindo a suspensão ou cessação de contratos.

Compromissos Anti-Suborno

A norma ISO 37001 enfatiza a importância de obter compromissos anti-suborno de **associados de negócios que representam mais do que um baixo risco de suborno**. Este requisito visa garantir que os associados de negócios estejam cientes das obrigações anti-suborno e que a organização esteja protegida de riscos associados ao comportamento dos seus associados.

Definições:

- **Associados de negócios:** São partes externas com as quais a organização tem ou planeia estabelecer uma relação comercial. Incluem **agentes, consultores, fornecedores, subcontratados, e outros intermediários.**
- **Risco de suborno:** É a probabilidade de uma organização se envolver em suborno, seja através das suas operações, ou por terceiros em seu nome. A avaliação do risco de suborno deve ser utilizada para determinar quais associados de negócios exigem compromissos anti-suborno.

Comunicação das Obrigações Anti-Suborno aos Associados de Negócios

A norma ISO 37001 exige que as organizações implementem procedimentos para comunicar as obrigações anti-suborno aos seus associados de negócios. Esta comunicação deve ser clara, eficaz e adaptada ao risco de suborno apresentado pelo associado.

Obrigações de comunicação

A organização deve comunicar aos seus associados de negócios, que representem mais que um baixo risco de suborno, as suas obrigações anti-suborno. Estas obrigações devem incluir:

- **Compromisso de prevenção:** Os associados de negócios devem comprometer-se a prevenir o suborno por, em nome de, ou para benefício do associado, em conexão com a transação, projeto, atividade ou relacionamento relevante.
- **Conformidade com leis e políticas:** Os associados devem comprometer-se a cumprir as leis anti-suborno aplicáveis e a política anti-suborno da organização.
- **Relato de preocupações:** A organização deve promover e exigir que os associados de negócios relatem preocupações sobre suborno.
- **Cooperação em investigações:** Os associados devem comprometer-se a cooperar em investigações relacionadas com suborno.
- **Consequências da não conformidade:** Os associados devem estar cientes das consequências de não cumprir as obrigações anti-suborno, que podem incluir a **suspensão ou cessação do contrato.**

Formas de comunicação

As obrigações anti-suborno podem ser comunicadas aos associados de negócios de várias formas, incluindo:

- **Contratos:** As obrigações podem ser incluídas como parte de um contrato entre a organização e o associado de negócios. É importante que as cláusulas contratuais sejam claras e aplicáveis.

- **Documento de compromisso:** As obrigações podem ser formalizadas num documento de compromisso separado, que o associado assina e reconhece.
- **Política anti-suborno:** A política anti-suborno da organização pode ser comunicada diretamente aos associados de negócios, com o seu reconhecimento.
- **Treinamento:** Em alguns casos, pode ser apropriado fornecer treinamento anti-suborno aos associados de negócios.
- **Comunicação direta:** A comunicação direta, como reuniões ou sessões informativas, pode ser utilizada para garantir a compreensão das obrigações anti-suborno.

A organização deve comunicar a sua política anti-suborno de forma direta a todos os seus colaboradores, e a todos os associados de negócios que representem mais do que um baixo risco de suborno. Adicionalmente, a política deve estar disponível para consulta por todas as partes interessadas, como adequado. A comunicação deve ser feita em idiomas apropriados e deve ser considerada a comunicação interna e externa.

Fatores a considerar

Ao comunicar as obrigações anti-suborno aos associados de negócios, as organizações devem considerar os seguintes fatores:

- **Risco de suborno:** O nível de risco apresentado pelo associado de negócios deve determinar a formalidade e a abrangência das obrigações anti-suborno.
- **Natureza da relação:** O tipo de relação comercial (por exemplo, agente, fornecedor, subcontratado) pode influenciar a forma como as obrigações anti-suborno são comunicadas.

- **Influência da organização:** A influência da organização sobre o associado de negócios determina o grau em que ela pode impor a aceitação das suas obrigações anti-suborno.
- **Linguagem:** As obrigações anti-suborno devem ser comunicadas em idiomas que os associados de negócios compreendam.
- **Documentação:** É importante documentar a comunicação das obrigações anti-suborno e obter reconhecimento por parte dos associados de negócios.

Exceções

Em certas circunstâncias, a organização pode não necessitar obter compromissos anti-suborno de associados de negócios. Estes casos incluem:

- **Baixo risco:** Quando o risco de suborno é considerado baixo, como na compra de itens de baixo valor, ou reservas de viagem diretas.
- **Transações simples:** Em transações que não envolvem um alto nível de interação ou risco de suborno.

Implementação e monitorização

Após a comunicação, é crucial que as organizações implementem processos para monitorizar o cumprimento das obrigações anti-suborno pelos associados de negócios. Isto pode incluir:

- **Due diligence contínua:** Avaliar regularmente o risco de suborno apresentado pelos associados de negócios.
- **Auditorias:** Realizar auditorias para verificar a conformidade com as obrigações anti-suborno.
- **Relato de preocupações:** Incentivar os associados de negócios a reportar preocupações sobre suborno.

• **Revisão de contratos:** Rever periodicamente os contratos para garantir que as obrigações anti-suborno permanecem relevantes e aplicáveis.

• **Ações corretivas:** Tomar ações corretivas em casos de não conformidade, que podem incluir a suspensão ou cessação do contrato.

Ao comunicar as obrigações anti-suborno de forma eficaz e implementar mecanismos de monitorização, as organizações podem **reduzir significativamente o risco de envolvimento em suborno** através dos seus associados de negócios. Este é um passo fundamental para construir uma cultura de ética e integridade nos negócios. A adoção de uma abordagem proativa e transparente em relação ao suborno, não só protege a organização, mas também promove um ambiente de negócios mais justo e responsável.

Ofertas, Hospitalidade, Donativos e Benefícios Semelhantes

A norma ISO 37001 reconhece que ofertas, hospitalidade, donativos e outros benefícios semelhantes podem ser usados para fins de suborno, mesmo que não seja a intenção original do doador ou do recetor. Para mitigar esse risco, a norma exige que as organizações implementem procedimentos que previnam a oferta, o fornecimento ou a aceitação de tais benefícios quando estes possam ser percecionados como suborno.

Definições:

• **Ofertas:** Incluem presentes, entretenimento e hospitalidade.

• **Hospitalidade:** Refere-se a eventos, refeições e outras formas de cortesia oferecidas.

• **Donativos:** Abrangem donativos políticos ou de caridade.

• **Benefícios Semelhantes:** Incluem despesas promocionais, patrocínios, benefícios comunitários, viagens de representantes de clientes ou funcionários públicos, formação, membros de clubes, favores pessoais e informações confidenciais.

Controlo sobre a Oferta e Aceitação de Presentes

A norma ISO 37001 estabelece que as organizações devem implementar procedimentos para controlar a oferta e aceitação de presentes, hospitalidade, donativos e outros benefícios semelhantes. Estes controlos devem ser proporcionais aos riscos de suborno que a organização enfrenta.

Procedimentos para controlo

Os procedimentos implementados pela organização podem incluir, por exemplo:

- **Proibição total:** A organização pode optar por proibir totalmente a oferta e a aceitação de presentes e hospitalidade.
- **Limitação:** A organização pode permitir presentes e hospitalidade, mas limitar esses benefícios através de referências a fatores como:

    - **Valor máximo:** Definir um valor máximo para os presentes e hospitalidade, que pode variar de acordo com a localização e o tipo de benefício.

    - **Frequência:** Controlar a frequência dos presentes e hospitalidade, pois pequenos benefícios podem acumular-se se repetidos.

    - **Timing:** Evitar ofertas durante ou imediatamente antes ou depois de negociações de concurso.

- ○ **Razoabilidade:** Considerar a razoabilidade dos benefícios, tendo em conta a localização, o setor e a antiguidade do doador ou recetor.
- ○ **Identidade do recetor:** Controlar a receção de benefícios por pessoas em posições de adjudicar contratos ou aprovar permissões.
- ○ **Reciprocidade:** Garantir que nenhum funcionário recebe um presente ou hospitalidade de valor superior ao que está autorizado a dar.
- ○ **Ambiente legal e regulatório:** Verificar as proibições e controlos existentes em certas localizações e organizações.

- **Aprovação prévia:** Exigir aprovação prévia por parte de um gestor apropriado para presentes e hospitalidade acima de um determinado valor ou frequência.
- **Registo e supervisão:** Exigir que os presentes e hospitalidade acima de um determinado valor ou frequência sejam efetuados de forma aberta, com documentação eficaz (por exemplo, num registo ou livro de contas) e supervisionados.

Controlos adicionais

Além dos controlos acima, as organizações devem considerar as seguintes medidas adicionais para controlar ofertas, hospitalidade e donativos:

- **Donativos políticos ou de caridade:**
  - ○ Proibir pagamentos que possam influenciar decisões a favor da organização.

- ○ Garantir que os donativos não são utilizados para fins ilícitos, ou de alguma forma que possa levar a uma perceção de tentativa de suborno.
- ○ Limitar o entretenimento associado a um nível razoável.
- ○ Proibir o pagamento de despesas de familiares ou amigos.
- ○ Proibir o pagamento de despesas de férias ou recreativas.

- **Patrocínios e despesas promocionais:**
  - ○ Proibir pagamentos que possam influenciar um concurso ou outra decisão a favor da organização.
  - ○ Garantir a transparência e conformidade com todas as leis e regulamentos relevantes.
  - ○ Evitar a oferta de benefícios que possam ser considerados um incentivo ao suborno.

Implementação e monitorização

É crucial que as organizações não só estabeleçam esses procedimentos, mas também garantam que sejam seguidos de forma consistente. Para tal, é importante:

- **Formação e sensibilização:** Fornecer formação regular aos funcionários sobre as políticas da organização em relação a presentes, hospitalidade, donativos e outros benefícios.
- **Comunicação:** Comunicar as políticas da organização de forma clara e direta a todos os funcionários e associados de negócios.

- **Due Diligence:** Realizar uma due diligence para avaliar o risco de suborno ao se envolver em relações com terceiros.
- **Registo e documentação:** Manter registos de todos os presentes, hospitalidade, donativos e benefícios semelhantes oferecidos e recebidos.
- **Auditoria interna:** Realizar auditorias internas regulares para verificar a conformidade com os procedimentos estabelecidos.
- **Revisão e melhoria:** Rever e atualizar periodicamente os procedimentos para garantir que sejam eficazes e apropriados.

Considerações adicionais

Ao implementar controlos sobre a oferta e aceitação de presentes, as organizações devem ter em conta os seguintes pontos:

- **Perceção de terceiros:** É importante considerar como terceiros (por exemplo, concorrentes, imprensa, autoridades) podem perceber os benefícios oferecidos ou recebidos.
- **Transparência:** A transparência é fundamental para evitar que as ações sejam percecionadas como suborno.
- **Cultura organizacional:** É necessário promover uma cultura de ética e integridade, onde a oferta e aceitação de presentes seja tratada com seriedade e responsabilidade.

Gestão da Inadequação de Controlos Anti-Suborno

A norma ISO 37001 reconhece que os controlos anti-suborno podem, por vezes, ser inadequados para gerir os riscos de suborno. Esta inadequação pode surgir por diversas razões, como **mudanças nas circunstâncias, novas informações, ou falhas nos próprios controlos.** Quando tal acontece, é fundamental que as organizações tomem medidas apropriadas para mitigar os riscos identificados.

Ações a Tomar Quando os Controlos Anti-Suborno são Inadequados

A norma ISO 37001 estabelece um conjunto de ações que as organizações devem considerar quando os controlos anti-suborno se revelam insuficientes. Estas ações podem variar dependendo da natureza da transação, projeto, atividade ou relação com o parceiro de negócios.

Avaliação da Inadequação

O primeiro passo é **avaliar a natureza e a extensão da inadequação.** Isso pode acontecer através de vários métodos, incluindo:

- **Due diligence:** A due diligence em transações, projetos, atividades ou relações com parceiros de negócios pode revelar que os controlos existentes não são suficientes para mitigar os riscos de suborno.
- **Auditorias internas:** As auditorias internas podem identificar fraquezas nos controlos anti-suborno existentes.
- **Monitorização:** A monitorização contínua do sistema de gestão anti-suborno pode revelar lacunas ou ineficácias.
- **Relatórios de preocupação:** Os relatórios de preocupação apresentados por colaboradores ou outras partes interessadas podem levantar questões sobre a adequação dos controlos.

- **Investigações:** As investigações sobre alegados casos de suborno podem revelar que os controlos existentes não foram suficientes para prevenir a ocorrência de suborno.

Resposta à Inadequação

Após a identificação da inadequação dos controlos, as organizações devem tomar as seguintes ações:

- **Implementar controlos adicionais ou aprimorados:** A organização deve implementar controlos adicionais ou aprimorar os controlos existentes para gerir os riscos de suborno que não estão a ser adequadamente mitigados.
    - Estes controlos podem incluir **controlo financeiro** e **controlo não financeiro**, tais como a utilização de fornecedores aprovados ou a exigência de múltiplas assinaturas em contratos.
- **Alterar a natureza da transação, projeto, atividade ou relação:** A organização pode optar por alterar a natureza da transação, projeto, atividade ou relação de forma a reduzir o risco de suborno a um nível que possa ser gerido pelos controlos existentes.
    - Por exemplo, a organização pode decidir não avançar com uma transação se o risco de suborno for demasiado elevado e não puder ser mitigado de forma adequada.
- **Terminar, descontinuar, suspender ou retirar-se da relação:** Se os riscos de suborno não puderem ser geridos através de outros meios, a organização deve tomar as medidas apropriadas para terminar, descontinuar, suspender ou retirar-se da relação ou atividade, o mais rapidamente possível.

  - Esta ação é especialmente relevante no caso de transações, projetos, atividades ou relações existentes.

- **Postergar ou recusar novas transações:** No caso de novas transações, projetos, atividades ou relações, a organização pode decidir postergar ou recusar o seu início se os riscos de suborno não puderem ser geridos adequadamente.
- **Analisar e avaliar os riscos:** Deve ser dada consideração à probabilidade de um parceiro de negócios se envolver em suborno. Se a organização considerar os riscos de suborno demasiado elevados, as disposições de 8.8 serão aplicadas.
- **Rever os procedimentos anti-suborno:** Após a identificação da inadequação dos controlos, a organização deve rever os seus procedimentos anti-suborno para identificar as causas da inadequação e tomar medidas para evitar que ocorra novamente.

Considerações Importantes

- **Abordagem razoável e proporcional:** A norma enfatiza a importância de adotar uma abordagem razoável e proporcional na gestão da inadequação dos controlos anti-suborno.

  - Isto significa que as ações tomadas devem ser apropriadas ao risco de suborno em questão e às circunstâncias específicas da situação.

- **Documentação:** É essencial documentar todas as ações tomadas para lidar com a inadequação dos controlos anti-suborno.
- **Contínua melhoria:** A gestão da inadequação dos controlos anti-suborno deve ser vista como parte de um processo contínuo de melhoria do sistema de gestão anti-suborno.

○ As organizações devem monitorizar continuamente a eficácia dos seus controlos e tomar medidas para os melhorar sempre que necessário.

- **Transparência:** Deve ser mantida a transparência nas ações tomadas e nas decisões tomadas quando os controlos se mostram inadequados.
- **Envolvimento da gestão de topo:** A gestão de topo deve estar ativamente envolvida no processo de gestão da inadequação dos controlos anti-suborno, incluindo a análise dos resultados das auditorias e a tomada de decisões sobre as ações a implementar.

Exemplos

- Se uma organização descobrir que os seus procedimentos de aprovação de pagamentos não estão a ser seguidos de forma consistente, pode implementar um sistema de aprovação eletrónica para garantir que todos os pagamentos são devidamente autorizados.
- Se uma organização descobrir que um dos seus parceiros de negócios tem um histórico de corrupção, pode decidir terminar a relação com esse parceiro.
- Se uma organização descobrir que um dos seus funcionários está a receber presentes de um fornecedor, pode rever os seus procedimentos de controlo de presentes e hospitalidade e fornecer formação adicional aos seus funcionários.
- Se uma organização descobrir que os controlos financeiros para determinadas operações não são suficientes, pode implementar a regra de dupla assinatura em contratos.

Apresentação de Preocupações sobre Suborno

A norma ISO 37001 enfatiza a importância de criar mecanismos robustos que permitam que as pessoas **reportem, de boa-fé e sem medo de represálias**, qualquer tentativa, suspeita ou ocorrência real de suborno, bem como quaisquer **fraquezas no sistema de gestão anti-suborno.** Estes mecanismos são cruciais para a deteção precoce de irregularidades e para a manutenção da integridade do sistema de gestão.

Procedimentos para a Apresentação de Preocupações sobre Suborno

As organizações devem implementar procedimentos que:

- **Encorajem e permitam que as pessoas reportem de boa-fé, ou com base numa crença razoável, tentativas, suspeitas e casos reais de suborno.**
    - Isso inclui quaisquer violações ou fraquezas no sistema de gestão anti-suborno.
- **Permitam que os reportes sejam feitos à função de conformidade anti-suborno ou a pessoal apropriado.**
    - Os reportes podem ser feitos diretamente ou através de terceiros apropriados.
- **Garantam a confidencialidade** dos reportes.
    - Isso pode incluir a **possibilidade de reportes anónimos.**
- **Proíbam represálias** contra quem reporta de boa-fé.

○ As organizações devem proteger os denunciantes de qualquer forma de discriminação ou ação disciplinar por fazerem reportes de boa-fé, ou com base numa crença razoável de violação ou suspeita de violação da política anti-suborno.

- **Permitam que o pessoal receba aconselhamento de uma pessoa apropriada** sobre o que fazer se confrontado com uma preocupação ou situação que possa envolver suborno.
- Assegurem que o pessoal está ciente dos procedimentos de reporte, que os consegue usar, e que está ciente dos seus direitos e proteções sob os procedimentos.
- **Estabeleçam mecanismos para receber e tratar as preocupações relatadas.**
- As organizações podem usar um **parceiro de negócios** para gerir o sistema de reporte em seu nome.

Canais de Reporte

As organizações devem disponibilizar diversos canais para a apresentação de preocupações, de forma a facilitar o reporte e garantir que todas as pessoas se sintam confortáveis a fazê-lo. Estes canais podem incluir:

- **Linhas diretas (hotlines):** Linhas telefónicas dedicadas onde as pessoas podem reportar preocupações de forma anónima e confidencial.
- **Endereços de e-mail:** Endereços de e-mail seguros para o envio de reportes, que podem ser anónimos ou não.
- **Plataformas online:** Plataformas online seguras onde as pessoas podem preencher formulários de reporte.

- **Reuniões presenciais:** Possibilidade de reportar preocupações diretamente a um membro da função de conformidade anti-suborno ou a pessoal apropriado.
- **Terceiros:** Contratação de entidades externas para gerir o processo de reporte.

Gestão dos Reportes

As organizações devem ter procedimentos claros para a gestão dos reportes recebidos. Estes procedimentos devem incluir:

- **Receção e registo dos reportes:** Todos os reportes devem ser recebidos e registados de forma adequada.
- **Avaliação inicial:** Uma avaliação inicial deve ser feita para determinar a credibilidade do reporte e a necessidade de investigação.
- **Investigação:** Se a avaliação inicial indicar que há motivos razoáveis para suspeitar de suborno, uma investigação deve ser conduzida por pessoas independentes.
    - A investigação deve ser conduzida por pessoal que não esteja envolvido na questão.
    - Pode ser a função de conformidade, auditoria interna, outro gestor apropriado, ou um terceiro.
- **Ações corretivas:** Após a conclusão da investigação, devem ser tomadas ações corretivas apropriadas.
- **Acompanhamento:** As organizações devem acompanhar a eficácia das ações corretivas tomadas.
- **Confidencialidade:** Todas as informações relacionadas com os reportes devem ser tratadas com a máxima confidencialidade.

Importância da Cultura de Reporte

É crucial que as organizações promovam uma cultura em que as pessoas se sintam seguras e encorajadas a reportar preocupações sobre suborno. Para tal, as organizações devem:

- **Comunicar claramente** os procedimentos de reporte.
- **Garantir que todas as pessoas estão cientes** dos seus direitos e proteções.
- **Fornecer formação e sensibilização** sobre a importância do reporte.
- **Dar o exemplo** através do comportamento ético da gestão de topo.
- **Demonstrar que os reportes são levados a sério** e que as ações corretivas são tomadas.

Integração com Outros Sistemas

Os procedimentos de reporte de preocupações sobre suborno podem ser os mesmos ou fazer parte dos procedimentos utilizados para o reporte de outras questões, como segurança, má prática, má conduta ou outros riscos sérios.

Considerações Adicionais

- Em algumas jurisdições, os requisitos de proteção a denunciantes podem ser proibidos por lei. Nestes casos, a organização deve documentar a sua incapacidade de cumprir.
- As organizações podem usar uma abordagem baseada no risco para determinar quais as preocupações que necessitam de investigação.

Investigação e Tratamento de Suborno

A norma ISO 37001 exige que as organizações implementem **procedimentos apropriados** para investigar e lidar com qualquer problema de suborno ou violação dos controlos anti-suborno que seja **reportado, detetado ou razoavelmente suspeito**. Estes procedimentos são cruciais para garantir que as alegações de suborno são devidamente avaliadas e que as ações corretivas são tomadas para mitigar os riscos.

Procedimentos para Investigar e Tratar Casos de Suborno

As organizações devem implementar procedimentos que:

- **Definam quem é responsável por decidir como a questão é investigada e tratada.**
  - A função de conformidade deve ser preferencialmente o recetor de qualquer reporte de suspeita ou suborno real, ou violação dos controlos anti-suborno. Se os reportes forem para outra pessoa, os procedimentos devem exigir que o reporte seja encaminhado para a função de conformidade o mais rapidamente possível. Em alguns casos, a função de conformidade irá identificar a suspeita ou violação.
- **Estabeleçam um processo para avaliar os factos conhecidos e a severidade potencial da questão.**
  - A gestão de topo ou a função de conformidade (conforme apropriado) devem avaliar os factos e a severidade potencial.
  - Se não tiverem factos suficientes para tomar uma decisão, devem iniciar uma investigação.

- **Assegurem que as investigações são conduzidas por pessoas independentes.**

  - A pessoa que investiga não deve estar envolvida na questão.

  - Pode ser a função de conformidade, auditoria interna, outro gestor apropriado, ou um terceiro apropriado.

  - A pessoa que investiga deve ter formação ou experiência em conduzir investigações.

  - A pessoa que investiga deve ter a autoridade, recursos e acesso apropriados da gestão de topo para que a investigação possa ser realizada eficazmente.

- **Estabeleçam um processo para a recolha de provas.**

  - A investigação deve estabelecer os factos e recolher as provas necessárias através de:

    - Fazer perguntas para estabelecer os factos.

    - Recolher todos os documentos e outras provas relevantes.

    - Obter o depoimento de testemunhas.

    - Solicitar reportes escritos e assinados pelos indivíduos, quando possível e razoável.

- **Exijam que as ações apropriadas sejam tomadas no caso de a investigação revelar suborno**, ou violação da política anti-suborno ou do sistema de gestão anti-suborno.
- **Empoderem e habilitem os investigadores.**

- **Exijam a cooperação na investigação por parte do pessoal relevante.**
- **Exijam que o estado e os resultados da investigação sejam reportados à função de conformidade anti-suborno e outras funções de conformidade**, conforme apropriado.
- **Assegurem que a investigação é realizada confidencialmente** e que os resultados da investigação são confidenciais.
- **Considerem fatores relevantes** ao realizar investigações e ações de acompanhamento.

    - Leis aplicáveis (pode ser necessário obter aconselhamento jurídico).
    - A segurança do pessoal.
    - O risco de difamação ao fazer declarações.
    - A proteção das pessoas que fazem reportes e de outros envolvidos.
    - A responsabilidade criminal, civil e administrativa, perda financeira e danos de reputação para a organização e indivíduos.
    - Qualquer obrigação legal ou benefício para a organização de reportar às autoridades.
    - Manter a questão e a investigação confidenciais até que os factos tenham sido estabelecidos.
    - A necessidade de a gestão de topo exigir a cooperação total do pessoal na investigação.

Resposta à Gravidade do Caso

A resposta de uma organização a uma questão de suborno deve ser **razoável e proporcional** às circunstâncias. Por exemplo, um reporte de um caso grave de suspeita de suborno exigirá uma ação mais urgente, significativa e detalhada do que uma violação menor dos controlos anti-suborno.

Ações Corretivas e Preventivas

Após a conclusão da investigação, a organização deve tomar **ações corretivas** apropriadas para resolver o problema, e **ações preventivas** para garantir que o problema não se repita.

- **Ações corretivas**: Estas ações visam corrigir a não conformidade e lidar com as suas consequências.
    - Incluem controlar e corrigir a não conformidade, lidar com as consequências e avaliar a necessidade de ação para eliminar as causas da não conformidade.
    - As ações corretivas devem ser apropriadas aos efeitos das não conformidades encontradas.
- **Ações preventivas**: Estas ações visam evitar que a não conformidade ocorra novamente ou noutro local.
    - Incluem rever a não conformidade, determinar as causas e determinar se existem não conformidades semelhantes.

- A organização deve **reter informações documentadas** como prova da natureza das não conformidades e quaisquer ações tomadas, e dos resultados das ações corretivas.
- As organizações devem **monitorizar a eficácia** das ações corretivas e preventivas tomadas.

Melhoria Contínua

A organização deve **melhorar continuamente** a adequabilidade, suficiência e eficácia do sistema de gestão anti-suborno. As conclusões das investigações e das ações corretivas devem ser utilizadas para melhorar o sistema de gestão anti-suborno.

Integração com Outros Sistemas

Os procedimentos de investigação de suborno podem ser integrados com os procedimentos de investigação de outras questões, como fraude, má conduta ou outros riscos sérios.

Módulo 9: Avaliação de Desempenho

Monitorização, Medição, Análise e Avaliação

A norma ISO 37001 requer que as organizações estabeleçam um sistema para **monitorizar e medir o desempenho do seu SGAS**, o que inclui a utilização de **Indicadores Chave de Desempenho (KPIs)** para avaliar a eficácia.

Determinação do que Precisa Ser Monitorizado e Medido

A organização deve determinar o que precisa ser monitorizado e medido para avaliar a eficácia do seu SGAS, incluindo:

- **O quê monitorizar e medir**: A organização deve determinar os aspetos do SGAS que precisam de ser monitorizados e medidos. Isto inclui:
    - **Processos e atividades** relacionados com a gestão anti-suborno.
    - **A eficácia dos controlos anti-suborno** implementados.
    - **O desempenho dos parceiros de negócios** em relação à conformidade com as políticas anti-suborno.
    - **A sensibilização e a competência dos funcionários** em relação ao SGAS.
    - **O número de reportes de incidentes** de suborno.
    - **Os resultados das auditorias internas.**

- **As não conformidades e ações corretivas.**
- **As alterações nos riscos de suborno.**
- **A implementação dos objetivos** do SGAS.

- **Responsabilidades**: A organização deve determinar quem é responsável pela monitorização. Isto deve incluir a função de conformidade anti-suborno e outras partes relevantes da organização.
- **Métodos de monitorização**: A organização deve determinar os métodos de monitorização, medição, análise e avaliação a serem utilizados para garantir resultados válidos. Isso pode incluir:
  - **KPIs.**
  - **Auditorias internas.**
  - **Inquéritos** e questionários.
  - **Análise de dados** de relatórios de incidentes, auditorias e outras fontes.
  - **Benchmarking** com outras organizações.
- **Frequência**: A organização deve determinar quando a monitorização e a medição devem ser realizadas. A frequência deve ser definida de acordo com a natureza dos riscos de suborno da organização e os seus objetivos. A norma indica que as avaliações devem ser feitas periodicamente e de forma contínua.
- **Análise e avaliação**: A organização deve determinar quando os resultados da monitorização e medição devem ser analisados e avaliados. A análise deve identificar tendências, padrões e áreas de fraqueza.

- **Reporte**: A organização deve determinar a quem e como essa informação deve ser reportada. Os resultados devem ser comunicados à gestão de topo, à função de conformidade anti-suborno e, quando apropriado, ao órgão de governação.
- **Documentação**: A organização deve manter informações documentadas como prova dos métodos e resultados da monitorização, medição, análise e avaliação.

Indicadores Chave de Desempenho (KPIs)

Os KPIs são métricas essenciais para monitorizar o progresso em direção aos objetivos anti-suborno. Os KPIs devem ser:

- **Relevantes**: Alinhados com os objetivos e avaliação de riscos.
- **Mensuráveis**: Definidos de forma clara e quantificável.
- **Acompanhados e ajustados**: Os KPIs devem ser periodicamente revistos e ajustados.
- **Utilizados para melhoria contínua**: Os resultados dos KPIs devem ser utilizados para identificar áreas de melhoria no SGAS.

Auditoria Interna

A norma ISO 37001 exige que as organizações realizem **auditorias internas a intervalos planeados** para obter informações sobre se o SGAS está em conformidade com os seus próprios requisitos e com os requisitos da norma. As auditorias internas devem ser **razoáveis, proporcionais e baseadas no risco**.

Planeamento, Estabelecimento, Implementação e Manutenção de um Programa de Auditoria

A organização deve **planear, estabelecer, implementar e manter um ou mais programas de auditoria**, que devem incluir:

- **Frequência das auditorias:** As auditorias internas devem ser realizadas a intervalos planeados, cuja frequência deve ter em consideração a importância dos processos em causa e os resultados de auditorias anteriores.
- **Métodos de auditoria:** Os métodos utilizados para realizar as auditorias devem ser definidos e documentados, podendo incluir revisões de documentos, entrevistas e observações de atividades.
- **Responsabilidades:** As responsabilidades das pessoas envolvidas no processo de auditoria devem ser claramente definidas, garantindo que as auditorias são realizadas de forma imparcial e objetiva.
- **Requisitos de planeamento:** O planeamento das auditorias deve incluir a definição do âmbito, dos critérios e dos objetivos de cada auditoria.
- **Relato:** O programa de auditoria deve especificar como os resultados das auditorias devem ser reportados.

Definição do Âmbito e Critérios da Auditoria

A organização deve definir o **âmbito e os critérios** para cada auditoria.

- **Âmbito da auditoria**: O âmbito deve especificar as áreas, os processos, os departamentos ou as localizações geográficas que serão auditadas. Deve-se considerar áreas de alto risco de suborno.
- **Critérios da auditoria**: Os critérios são os padrões contra os quais a auditoria será realizada. Isso inclui os requisitos da norma ISO

37001, os requisitos legais aplicáveis, as políticas internas e outros requisitos relevantes.

Seleção de Auditores Competentes

A organização deve **selecionar auditores competentes** para garantir a objetividade e a imparcialidade do processo de auditoria.

- **Competência**: Os auditores devem ter o conhecimento e a experiência necessários em sistemas de gestão anti-suborno e em técnicas de auditoria.
- **Independência**: Os auditores devem ser independentes das áreas que estão a auditar para garantir a imparcialidade. A auditoria deve ser realizada por uma pessoa ou grupo de pessoas que não sejam responsáveis pela área ou função auditada, ou seja, devem ser realizadas por um departamento ou função que não seja aquele que está a ser auditado.
- **Formação**: Os auditores devem receber formação adequada sobre os requisitos da ISO 37001 e metodologias de auditoria.

Relato dos Resultados da Auditoria

Os resultados das auditorias devem ser **reportados às partes relevantes**, incluindo:

- **Gestão relevante**: Os resultados da auditoria devem ser reportados à gestão responsável pelas áreas auditadas.
- **Função de conformidade anti-suborno:** A função de conformidade deve receber os resultados da auditoria para acompanhar o desempenho do SGAS e implementar as ações corretivas necessárias.

- **Gestão de topo:** A gestão de topo deve ser informada sobre os resultados da auditoria para tomar decisões informadas sobre a eficácia do SGAS.
- **Órgão de governação:** Quando apropriado, o órgão de governação deve receber os resultados da auditoria para monitorizar a conformidade do SGAS com os requisitos da norma.

O relatório da auditoria deve incluir:

- **Resultados da auditoria**: O relatório deve documentar as conformidades e não conformidades encontradas durante a auditoria.
- **Evidências**: As evidências que apoiam as conclusões da auditoria devem ser documentadas.
- **Recomendações**: O relatório deve apresentar recomendações para ações corretivas e preventivas.

A organização deve **reter informações documentadas** como prova da implementação do programa de auditoria e dos resultados da auditoria.

O planeamento, a implementação, a manutenção de um programa de auditoria, a definição do âmbito e critérios, a seleção de auditores competentes e o relato dos resultados são elementos essenciais para garantir a eficácia da auditoria interna e do SGAS. As auditorias internas ajudam a identificar áreas de melhoria, a corrigir não conformidades e a garantir que o sistema de gestão anti-suborno está a cumprir os seus objetivos.

Revisão pela Gestão

A **alta direção**, que é a pessoa ou grupo de pessoas que dirige e controla a organização ao mais alto nível, tem a responsabilidade de rever o SGAS para assegurar a sua contínua **adequação, suficiência e eficácia**. Esta revisão não é um evento isolado, mas sim um processo contínuo que faz parte do ciclo de melhoria do SGAS.

Revisão do Sistema de Gestão Anti-Suborno pela Alta Direção

A revisão do SGAS pela alta direção deve incluir a análise dos seguintes aspetos:

- **Estado das ações de revisões anteriores**: Avaliar o progresso das ações definidas em revisões anteriores do sistema de gestão. Isso garante que as melhorias planejadas foram implementadas e são eficazes.
- **Alterações nas questões externas e internas**: Analisar quaisquer mudanças no contexto externo (por exemplo, novas leis, regulamentos, riscos de suborno) ou interno (por exemplo, mudanças na estrutura organizacional, processos) que possam afetar o SGAS. Esta análise deve considerar as questões mencionadas em 4.1, os requisitos mencionados em 4.2 e os riscos de suborno identificados em 4.5.
- **Informações sobre o desempenho do SGAS**: Avaliar o desempenho do SGAS através de dados e tendências em várias áreas, como:

    ○

    ○ **Não conformidades e ações corretivas**: Analisar as não conformidades identificadas e as ações corretivas implementadas para mitigar os riscos de suborno.

    ○ **Resultados da monitorização e medição**: Rever os resultados da monitorização e medição dos controlos anti-suborno, incluindo os KPIs.

    ○ **Resultados das auditorias**: Analisar os resultados das auditorias internas e externas para identificar áreas de melhoria.

○ **Relatórios de suborno**: Avaliar os relatórios de incidentes de suborno, tanto reais como suspeitos.

○ **Investigações**: Analisar o resultado das investigações realizadas sobre casos de suborno.

○ **Natureza e extensão dos riscos de suborno**: Rever a natureza e a extensão dos riscos de suborno enfrentados pela organização para determinar se o sistema de gestão os está a mitigar eficazmente.

- **Eficácia das ações para mitigar riscos de suborno**: Avaliar a eficácia das ações implementadas para mitigar os riscos de suborno identificados.
- **Oportunidades de melhoria contínua**: Identificar oportunidades para a melhoria contínua do SGAS, com base nos resultados da análise e avaliação anteriores. As oportunidades devem ser avaliadas de forma contínua, através de auditorias internas, revisões da gestão e revisões da função de conformidade anti-suborno.

A revisão pela gestão deve produzir **decisões relacionadas com**:

- **Oportunidades de melhoria contínua**: Identificar ações específicas para melhorar o SGAS.
- **Necessidade de alterações no SGAS**: Determinar se o SGAS precisa de ser ajustado ou alterado com base na análise dos resultados.

Os resultados da revisão pela gestão devem ser **comunicados** ao órgão de governação. A organização deve **reter informações documentadas** como prova dos resultados das revisões da gestão.

Revisão pelo Órgão de Governação

O **órgão de governação**, que pode ser um conselho de administração ou um órgão de supervisão, tem a responsabilidade de **supervisionar** a gestão da organização, incluindo o seu SGAS. Ao contrário da gestão de topo, que gere as operações diárias, o órgão de governação tem uma visão mais ampla e estratégica. A sua revisão do SGAS é, portanto, essencial para garantir que este se mantém adequado, eficaz e alinhado com os objetivos globais da organização.

Revisão do Sistema de Gestão Anti-Suborno pelo Órgão de Governação

A revisão do SGAS pelo órgão de governação deve ser realizada a **intervalos planeados** e basear-se em **informações** fornecidas pela gestão de topo e pela função de conformidade anti-suborno, bem como em qualquer outra informação que o órgão de governação solicite ou obtenha. Esta revisão deve incluir a análise dos seguintes aspetos:

- **Informações da gestão de topo**: O órgão de governação deve receber da gestão de topo **resumos** dos resultados das revisões da gestão, incluindo a adequação, eficácia e implementação do SGAS. Estas informações devem cobrir o estado das ações de revisões anteriores, as alterações nas questões externas e internas, as informações sobre o desempenho do SGAS, a eficácia das ações para mitigar riscos de suborno e as oportunidades de melhoria contínua.
- **Informações da função de conformidade anti-suborno**: O órgão de governação deve receber informações diretamente da função de conformidade anti-suborno. Esta comunicação direta é importante para assegurar que o órgão de governação tem uma visão independente sobre o funcionamento do SGAS e pode avaliar de forma autónoma a sua eficácia. As informações podem incluir o conteúdo e o funcionamento do SGAS, alegações de suborno e outros assuntos relacionados.
- **Outras informações relevantes**: O órgão de governação pode solicitar ou obter informações adicionais que considere relevantes para a sua avaliação do SGAS.

O objetivo da revisão do órgão de governação é garantir que:

- **O SGAS é adequado**: O sistema é apropriado para o contexto e os riscos específicos da organização.
- **O SGAS é eficaz**: O sistema está a alcançar os seus objetivos na prevenção e deteção de suborno.
- **O SGAS é implementado**: O sistema está a ser corretamente implementado e seguido em toda a organização.
- **A estratégia e a política anti-suborno estão alinhadas**: A estratégia da organização e a política anti-suborno são compatíveis e se reforçam mutuamente.
- **Recursos adequados são alocados**: São disponibilizados recursos suficientes e apropriados para a operação eficaz do SGAS.
- **Ações de investigação e remediação são tomadas e documentadas**: As ações relacionadas a investigações e medidas corretivas são tomadas e devidamente documentadas.
- **A função de conformidade anti-suborno tem autoridade e independência**: A função de conformidade anti-suborno opera com a autoridade e independência necessárias para cumprir as suas responsabilidades.
- **Existe uma cultura de compliance**: A organização promove uma cultura de ética e conformidade.

Os resultados da revisão do órgão de governação devem ser **documentados** de forma resumida e mantidos como evidência da sua realização.

Papel do Órgão de Governação

O órgão de governação desempenha um papel crucial na supervisão do SGAS e na demonstração de liderança e compromisso com a prevenção do suborno:

- **Aprovar a política anti-suborno**: O órgão de governação deve aprovar a política anti-suborno da organização, demonstrando o seu compromisso com a prevenção e combate à corrupção.
- **Garantir o alinhamento entre estratégia e política anti-suborno**: Deve assegurar que a estratégia da organização e a sua política anti-suborno estão alinhadas.
- **Exercer uma supervisão razoável**: O órgão de governação deve supervisionar a implementação e a eficácia do SGAS, garantindo que a gestão de topo está a cumprir as suas responsabilidades.
- **Receber informações sobre o SGAS**: Deve receber e analisar informações periódicas sobre o conteúdo e o funcionamento do SGAS, incluindo o desempenho da função de conformidade.
- **Garantir a alocação de recursos**: Deve assegurar que são disponibilizados recursos suficientes e adequados para a operação eficaz do SGAS.
- **Promover uma cultura de ética**: O órgão de governação deve promover e fomentar uma cultura de ética e conformidade em toda a organização, definindo um tom ético "de cima para baixo".

Revisão pela Função de *Compliance* Anti-Suborno

A função de *compliance* anti-suborno é responsável por **monitorizar** e **avaliar** o SGAS de forma contínua, assegurando que este opera de maneira eficaz. Ao contrário das revisões periódicas realizadas pela alta direção e pelo órgão de governação, a função de *compliance* realiza uma avaliação mais frequente e detalhada, focando-se no dia-a-dia da operação do sistema. Esta função é atribuída a **uma ou mais pessoas** com a competência, *status*, autoridade e independência adequadas.

Avaliação Contínua da Adequação e Eficácia do SGAS

A função de *compliance* anti-suborno tem a responsabilidade de avaliar continuamente se o SGAS está:

- **Adequado para gerir eficazmente os riscos de suborno**: Isto implica garantir que o sistema aborda corretamente os riscos identificados na avaliação de risco de suborno e que os controlos implementados são apropriados para o contexto e as atividades da organização. Esta avaliação deve ser feita de forma **contínua** e não apenas em intervalos planeados.
- **A ser implementado de forma eficaz**: Não basta ter um sistema bem desenhado; é crucial que este seja implementado e seguido por todos os membros da organização. A função de *compliance* deve verificar regularmente se as políticas e procedimentos estão a ser seguidos na prática e se os controlos estão a operar como esperado.

Esta avaliação contínua envolve:

- **Monitorização**: A função de *compliance* deve monitorizar regularmente o desempenho do SGAS e a eficácia dos seus controlos, usando **indicadores chave de desempenho (KPIs)** e outras ferramentas de monitorização. Esta monitorização deve incluir áreas como a eficácia da formação, a implementação de controlos, o cumprimento de responsabilidades, as falhas de *compliance* e os resultados de auditorias internas e externas.
- **Análise de dados**: A função deve analisar os dados recolhidos para identificar tendências, padrões e áreas de melhoria no SGAS. A análise pode incluir o número e natureza dos incidentes reportados, o estado da cultura de *compliance*, entre outros.
- **Revisão de relatórios e resultados de auditorias**: A função deve analisar os relatórios de auditorias internas e externas, bem como outros relatórios relevantes para identificar deficiências no SGAS e

oportunidades de melhoria. Devem ser analisados os resultados das investigações sobre alegações de suborno.

- **Avaliação da eficácia das ações corretivas**: Quando são identificadas não conformidades ou problemas, a função de *compliance* deve avaliar se as ações corretivas implementadas foram eficazes na resolução das causas e na prevenção de recorrências.
- **Identificação de potenciais áreas de risco**: A função deve estar vigilante em relação a potenciais novas áreas de risco de suborno, considerando mudanças no ambiente interno ou externo.

Relato e Comunicação

A função de *compliance* anti-suborno tem a responsabilidade de **reportar** de forma regular, e de forma pontual se necessário, ao órgão de governação e à alta direção sobre a adequação e implementação do SGAS. Este relato deve incluir:

- **A adequação do SGAS**: Se o sistema é suficiente para gerir eficazmente os riscos de suborno.
- **A implementação do SGAS**: Se o sistema está a ser implementado e seguido corretamente.
- **Os resultados das investigações**: Incluindo os resultados de investigações sobre alegações de suborno e violações de controlos anti-suborno.
- **Os resultados das auditorias**: Incluindo as conclusões das auditorias internas e externas.

O relato pode ser feito diretamente ao órgão de governação e à alta direção, ou a um comité adequado dos mesmos. A função deve ter **acesso direto e imediato** ao órgão de governação e à alta direção para poder levantar preocupações relacionadas com o suborno ou com o próprio SGAS.

Papel da Função de *Compliance* Anti-Suborno

A função de *compliance* anti-suborno desempenha um papel crucial na gestão e melhoria do SGAS:

- **Garantir a conformidade**: A função assegura que o SGAS está em conformidade com os requisitos da norma ISO 37001 e com a política anti-suborno da organização.
- **Oferecer *expertise***: A função fornece aconselhamento e orientação aos funcionários sobre o SGAS e sobre questões relacionadas com o suborno.
- **Promover a cultura de *compliance***: A função promove uma cultura de ética e *compliance* em toda a organização, incentivando o reporte de preocupações de boa-fé, sem medo de represálias.
- **Gerir investigações**: A função gere e supervisiona as investigações sobre alegações de suborno, garantindo que estas são conduzidas de forma imparcial e completa.
- **Propor melhorias**: A função identifica áreas de melhoria no SGAS e propõe ações corretivas e preventivas para mitigar os riscos de suborno e promover a melhoria contínua.

A avaliação contínua da adequação e eficácia do SGAS pela função de *compliance* anti-suborno é fundamental para garantir que o sistema está a funcionar corretamente e a proteger a organização contra os riscos de suborno. Esta avaliação é um processo **constante e dinâmico**, que requer atenção, recursos e independência. A função de *compliance* atua como um guardião do SGAS, assegurando a sua eficácia na prevenção, deteção e resposta ao suborno.

Módulo 10: Melhoria

Este módulo detalha os requisitos para que as organizações lidem com não conformidades, implementem ações corretivas e preventivas (CAPA) e procurem continuamente melhorar a adequação e eficácia do seu SGAS.

Não Conformidade e Ação Corretiva

A não conformidade é definida como o não cumprimento de um requisito. Quando uma não conformidade é identificada, a organização deve reagir prontamente, tomando medidas para:

- **Controlar e corrigir a não conformidade**: Isto envolve ações imediatas para mitigar o impacto da não conformidade e restaurar a conformidade com os requisitos do SGAS.
- **Lidar com as consequências**: A organização deve tratar de quaisquer efeitos adversos resultantes da não conformidade.

Ações para Eliminar as Causas de Não Conformidades e Prevenir a Recorrência

Para evitar a recorrência de não conformidades, a organização deve ir além da correção imediata e procurar eliminar as causas subjacentes. Este processo envolve:

- **Rever a não conformidade**: Analisar detalhadamente a natureza da não conformidade para compreender o que aconteceu e por que aconteceu.

- **Determinar as causas da não conformidade**: Identificar as razões fundamentais que levaram à não conformidade, utilizando ferramentas como a análise da causa raiz.
- **Determinar se existem não conformidades semelhantes**: Avaliar se não conformidades semelhantes existem ou podem ocorrer noutras partes do SGAS.
- **Implementar ações para eliminar as causas da não conformidade**: Planear e executar ações específicas direcionadas às causas fundamentais da não conformidade.

Estas ações são essenciais para evitar que os mesmos problemas se repitam, demonstrando um compromisso com a melhoria contínua.

Implementação de Ações Corretivas e Preventivas (CAPA)

A **implementação de ações corretivas e preventivas (CAPA)** é o cerne do processo de melhoria. Estas ações devem ser implementadas de forma sistemática, seguindo os seguintes passos:

- **Identificação de não conformidades**: As não conformidades podem ser identificadas através de auditorias internas, relatórios de incidentes, ou outros mecanismos de monitorização.
- **Análise da causa raiz**: É essencial compreender as causas subjacentes da não conformidade antes de implementar ações corretivas. Esta análise pode envolver técnicas como o "5 Porquês" ou o diagrama de Ishikawa.
- **Ações corretivas**: As ações corretivas visam resolver as não conformidades existentes, de forma a impedir que causem mais danos. Estas ações são reativas e focam-se em retificar o problema imediato.
- **Ações preventivas**: As ações preventivas são proativas e procuram eliminar as causas das não conformidades para evitar que estas ocorram no futuro. Estas ações podem envolver melhorias nos processos, formação adicional ou alterações nas políticas.

- **Monitorização e verificação**: A organização deve monitorizar a eficácia das ações CAPA implementadas, verificando se estas produziram os resultados desejados. Isto pode envolver auditorias de acompanhamento ou avaliações.
- **Documentação**: É essencial manter registos completos de todas as atividades CAPA, incluindo a identificação da não conformidade, a análise da causa raiz, as ações corretivas e preventivas, e os resultados da verificação.

As ações corretivas devem ser adequadas aos efeitos das não conformidades encontradas.

Melhoria Contínua

A **melhoria contínua** é um princípio fundamental da ISO 37001, exigindo que a organização procure constantemente aumentar a adequação, eficácia e adequação do seu SGAS. A organização deve avaliar regularmente a necessidade de melhorias no SGAS, tendo em conta:

- **Os resultados das auditorias internas e externas.**
- **Os resultados da monitorização e medição.**
- **O *feedback* das partes interessadas.**
- **A natureza e extensão dos riscos de suborno enfrentados pela organização.**
- **A eficácia das ações tomadas para mitigar os riscos de suborno.**
- **As oportunidades para melhorar continuamente o SGAS.**

A melhoria contínua deve ser um processo planeado e sistemático, que envolva a definição de objetivos de melhoria, a implementação de ações para atingir esses objetivos e a avaliação da eficácia dessas ações.

Com base nas fontes fornecidas e na nossa conversa anterior, o tema da **melhoria contínua**, no contexto da norma ISO 37001, é crucial para garantir que o Sistema de Gestão Anti-Suborno (SGAS) de uma organização permanece **relevante, eficaz e adaptado** às necessidades em evolução e aos riscos de suborno. Este conceito vai além de simples correções de problemas; é um **ciclo constante de avaliação e aprimoramento** do SGAS.

Melhoria Contínua

A **melhoria contínua** é um dos princípios fundamentais da norma ISO 37001, que enfatiza a importância de uma abordagem proativa para identificar e implementar melhorias no SGAS. Este processo não é um evento único, mas sim uma atividade **recorrente** que deve ser integrada na cultura da organização. O objetivo principal é **aumentar a capacidade do sistema para prevenir, detetar e responder ao suborno** de forma eficaz ao longo do tempo.

Melhoria Contínua da Adequação, Suficiência e Eficácia do SGAS

A melhoria contínua do SGAS abrange três aspetos interligados:

- **Adequação**: Refere-se a se o SGAS está **apropriado** para o propósito da organização, considerando o seu contexto, riscos de suborno e objetivos estratégicos. Isto implica que o sistema deve ser desenhado para se ajustar às **necessidades específicas** da organização, e não ser uma solução genérica. A adequação é avaliada regularmente para garantir que o sistema continua a ser relevante, dado o ambiente interno e externo em constante mudança.
- **Suficiência**: Significa se o SGAS tem os **recursos necessários** para funcionar de forma eficaz. Isto inclui recursos financeiros, humanos, tecnológicos e outros necessários para suportar a implementação, manutenção e melhoria contínua do SGAS. A

suficiência também se refere a se o sistema tem **controlos suficientes** para mitigar os riscos de suborno que a organização enfrenta.

- **Eficácia**: Avalia se o SGAS está a **atingir os resultados pretendidos**, ou seja, se está a prevenir, detetar e responder ao suborno de forma eficiente. A eficácia é medida através de indicadores de desempenho (KPIs), resultados de auditorias, análise de incidentes de suborno, e *feedback* das partes interessadas.

Para alcançar a melhoria contínua, as organizações devem:

- **Monitorizar e medir** o desempenho do SGAS, utilizando **KPIs** e outras métricas. Estes indicadores devem estar alinhados com os objetivos do SGAS e com os riscos de suborno identificados. A monitorização regular permite identificar tendências, padrões e áreas que necessitam de melhoria.
- Realizar **auditorias internas** regulares para avaliar a conformidade do SGAS com os requisitos da norma ISO 37001 e com as políticas da organização. As auditorias internas também ajudam a identificar pontos fracos no SGAS e oportunidades de melhoria.
- **Analisar as não conformidades** e implementar **ações corretivas e preventivas (CAPA)** para eliminar as causas subjacentes e prevenir a recorrência. Este processo é fundamental para garantir que o SGAS aprende com os erros e se adapta a novas situações.
- Conduzir **revisões periódicas** pela gestão de topo para avaliar a adequação, suficiência e eficácia do SGAS. Estas revisões devem incluir a análise dos resultados da monitorização, das auditorias, das não conformidades e das ações CAPA.
- **Obter** ***feedback*** das partes interessadas, incluindo funcionários, parceiros de negócios e clientes, para identificar áreas de melhoria. Este *feedback* pode ser obtido através de pesquisas, entrevistas e outros meios de comunicação.
- **Implementar as mudanças** necessárias no SGAS de forma planeada e sistemática. As mudanças devem ser cuidadosamente

consideradas para garantir que não comprometem a integridade do SGAS e para minimizar os impactos negativos.

- **Adaptar o SGAS** às mudanças no contexto da organização e nos riscos de suborno, para garantir que o sistema permanece eficaz e relevante.

O Papel da Gestão de Topo na Melhoria Contínua

A gestão de topo desempenha um papel fundamental na promoção da melhoria contínua do SGAS. Isto inclui:

- **Demonstrar liderança e compromisso** com a melhoria contínua, através da definição de objetivos de melhoria, do fornecimento de recursos necessários e da promoção de uma cultura de melhoria.
- **Participar ativamente nas revisões** do SGAS e tomar decisões com base nos resultados dessas revisões.
- **Apoiar a implementação** de ações de melhoria e garantir que estas são eficazes.

Benefícios da Melhoria Contínua

A melhoria contínua do SGAS traz vários benefícios para a organização:

- **Aumento da eficácia** do sistema na prevenção, deteção e resposta ao suborno.
- **Redução do risco** de suborno e das suas consequências financeiras, legais e de reputação.
- **Melhora da cultura de *compliance*** e da ética na organização.
- **Aumento da confiança** das partes interessadas na integridade da organização.

- **Adaptação às mudanças** no ambiente de negócios e nos riscos de suborno.

Análise da Causa Raiz

A **análise da causa raiz** (ACR) é um método sistemático de investigação que tem como objetivo identificar as causas fundamentais de um problema ou não conformidade. Em vez de se focar nos sintomas, a ACR procura descobrir as origens do problema, permitindo que as organizações implementem ações corretivas e preventivas mais eficazes.

A Importância de Analisar as Causas Profundas das Não Conformidades

A importância de analisar as causas profundas das não conformidades reside no facto de que o tratamento de sintomas apenas oferece soluções temporárias. Se as causas fundamentais não forem abordadas, as não conformidades tendem a repetir-se, resultando em desperdício de recursos e na persistência de riscos de suborno. Uma análise aprofundada das causas subjacentes permite:

- **Identificar as vulnerabilidades do sistema**: A análise da causa raiz pode revelar falhas nos processos, políticas, controlos ou na própria cultura da organização que podem ser exploradas para a prática de suborno.
- **Implementar ações corretivas eficazes**: Ao entender as causas subjacentes, as ações corretivas podem ser direcionadas para eliminar essas causas, em vez de apenas remediar os efeitos.
- **Prevenir a recorrência**: A análise da causa raiz é fundamental para a implementação de ações preventivas que evitem a repetição da não conformidade, protegendo a organização a longo prazo.

- **Promover a melhoria contínua**: Ao identificar e eliminar as causas das não conformidades, a organização promove um ciclo de melhoria contínua do SGAS.
- **Otimizar a alocação de recursos**: Ao concentrar-se nas causas fundamentais, a organização pode usar os seus recursos de forma mais eficiente para tratar dos problemas mais críticos.
- **Promover uma cultura de *compliance***: Ao procurar as causas profundas, a organização demonstra um compromisso com a melhoria e com a correção de problemas, o que promove uma cultura de *compliance* e ética.

Utilização de Ferramentas como a Técnica dos 5 Porquês e Diagramas de Ishikawa

Para conduzir uma análise da causa raiz eficaz, as organizações podem recorrer a diversas ferramentas e técnicas. As fontes mencionam duas ferramentas comuns: a **técnica dos 5 Porquês** e os **diagramas de Ishikawa** (também conhecidos como diagramas de espinha de peixe ou diagramas de causa e efeito).

- **Técnica dos 5 Porquês**: Esta técnica consiste em perguntar "porquê" repetidamente (geralmente cinco vezes) para chegar à causa raiz de um problema. A ideia é que, ao questionar sucessivamente as causas de um problema, se consegue ir além dos sintomas superficiais e descobrir as causas fundamentais.

    - **Exemplo**: Se uma não conformidade for o "não cumprimento do procedimento de due diligence", os 5 porquês poderiam ser:

1. Por que não foi cumprido o procedimento? Porque o responsável não o conhecia.

2. Por que o responsável não conhecia o procedimento? Porque não recebeu formação.

3. Por que não recebeu formação? Porque não estava incluído no plano de formação.

4. Por que não estava incluído no plano de formação? Porque o plano não estava atualizado.

5. Por que o plano não estava atualizado? Porque não havia um processo definido para a revisão do plano.

- **Diagrama de Ishikawa**: Esta ferramenta gráfica ajuda a identificar, organizar e exibir as possíveis causas de um problema. O diagrama de Ishikawa tem a forma de uma espinha de peixe, onde o problema (ou efeito) está na cabeça e as causas estão dispostas ao longo das ramificações. As categorias de causas mais comuns são os 6Ms:

  - **Método**: Processos e procedimentos que são seguidos.

  - **Mão de obra**: Envolvimento e competências dos recursos humanos.

  - **Máquinas**: Equipamentos, tecnologia, infraestruturas.

  - **Materiais**: Matérias-primas, consumíveis e outros inputs.

  - **Medição**: Sistemas e métodos de controlo, avaliação e monitorização.

○ **Meio ambiente**: Fatores externos ou ambientais que possam influenciar.

○ **Exemplo**: No caso de "não cumprimento do procedimento de due diligence", poderiam ser analisadas causas em cada uma destas áreas, como um procedimento pouco claro (método), falta de formação (mão de obra), um sistema de informação desatualizado (máquina), ausência de lista de verificação (material), falta de indicadores para controlar o processo (medição) ou falta de incentivo por parte da gestão (meio ambiente).

Processo de Análise da Causa Raiz

O processo de análise da causa raiz geralmente envolve os seguintes passos:

1. **Definir o problema**: Identificar e descrever claramente a não conformidade, recolhendo informações sobre a sua natureza e impacto.

1. **Reunir informação**: Recolher todos os dados e evidências relevantes, incluindo documentos, registos, entrevistas a pessoas envolvidas e observações.

1. **Analisar a informação**: Utilizar as ferramentas de análise da causa raiz (como os 5 Porquês e o diagrama de Ishikawa) para identificar as causas subjacentes.

1. **Identificar as causas fundamentais:** Determinar as causas principais que, se forem corrigidas, evitarão que o problema se repita.

1. **Implementar ações corretivas e preventivas**: Desenvolver e implementar ações direcionadas para eliminar as causas fundamentais e prevenir a recorrência da não conformidade.

1. **Monitorizar e verificar**: Avaliar a eficácia das ações implementadas através do acompanhamento da sua implementação e verificação da ausência de recorrência do problema.

1. **Documentar o processo**: Manter registos detalhados de todo o processo de análise da causa raiz, incluindo as causas identificadas, as ações implementadas e os resultados obtidos.

Implementação da Análise da Causa Raiz na Prática

Para uma implementação eficaz da análise da causa raiz, é essencial que as organizações:

- **Envolvam as pessoas certas**: Incluir no processo as pessoas que estão envolvidas na operação em questão e com o conhecimento necessário para a análise. As equipas multidisciplinares são importantes para obter diferentes perspetivas e abordagens.
- **Utilizem uma abordagem sistemática**: Seguir um processo estruturado para garantir que todas as causas potenciais sejam consideradas e que a análise seja rigorosa.
- **Invistam em formação**: Capacitar os funcionários na utilização das ferramentas e técnicas de análise da causa raiz.
- **Fomentem uma cultura de aprendizagem**: Incentivar uma cultura em que os erros são vistos como oportunidades de melhoria e onde as pessoas se sintam à vontade para relatar não conformidades.
- **Documentem todas as etapas**: Manter registos claros e concisos de todo o processo de análise da causa raiz e das ações implementadas.

Módulo 11 - Implementação Prática e Estudos de Caso

Este módulo é crucial para consolidar o conhecimento teórico adquirido nos módulos anteriores e para demonstrar como as organizações podem, de forma eficaz, implementar um Sistema de Gestão Anti-Suborno (SGAS) robusto e adaptado ao seu contexto específico.

O módulo 11 visa, essencialmente, capacitar os participantes para:

- **Aplicar os conhecimentos teóricos** da norma ISO 37001 num cenário prático, analisando como as organizações podem traduzir os requisitos da norma em ações e controlos concretos.
- **Compreender os desafios da implementação** através da análise de estudos de caso, que ilustram os problemas e obstáculos que podem surgir durante a implementação de um SGAS.
- **Identificar as melhores práticas**, avaliando como diferentes organizações abordaram os requisitos da norma, adaptando-os às suas realidades e necessidades específicas.
- **Desenvolver um plano de implementação** eficaz, com base nas lições aprendidas nos estudos de caso, e definir os recursos necessários para a concretização do SGAS.
- **Implementar controlos anti-suborno**, incluindo processos de *due diligence*, controlos financeiros e não financeiros, e mecanismos de comunicação e formação.
- **Analisar cenários reais** onde o não cumprimento dos requisitos da ISO 37001 levou a consequências negativas, como multas e danos reputacionais.
- **Desenvolver uma política anti-suborno eficaz.**
- **Comunicar e implementar a política anti-suborno**, através de planos de comunicação e programas de formação e sensibilização.

- **Monitorizar e medir a eficácia do SGAS**, através da implementação de indicadores de desempenho (KPIs) e da realização de auditorias internas.
- **Implementar ações corretivas e preventivas** (CAPA) para abordar as não conformidades e promover a melhoria contínua do SGAS.

Ao analisar estudos de caso, os participantes podem aprender com os sucessos e os erros de outras organizações, identificando estratégias eficazes e evitando as armadilhas comuns no processo de implementação. Este enfoque prático permite uma compreensão mais profunda dos requisitos da norma e facilita a sua aplicação em contextos reais. O módulo 11 também aborda aspetos como a **alocação de recursos** para iniciativas anti-suborno e a **importância da cultura organizacional** na promoção de uma ética e *compliance*.

Metodologia de Implementação

A metodologia de implementação de um SGAS pode ser dividida em fases distintas, cada uma com os seus objetivos e atividades específicas. É necessário uma abordagem estruturada, que envolve as seguintes etapas principais:

1. **Fase de Planeamento:**

   ○ **Compreender o Contexto da Organização:** Esta etapa inicial é crucial para o sucesso da implementação. Envolve analisar questões internas e externas que possam afetar a capacidade da organização em atingir os seus objetivos anti-suborno. A análise PESTEL (Política, Económica, Social, Tecnológica, Ambiental e Legal) é uma ferramenta útil para este processo. É importante também compreender as necessidades e expetativas das partes interessadas.

○ **Definir o Âmbito do SGAS:** O âmbito do SGAS deve ser claramente definido, com base nos fatores identificados na análise do contexto, nas necessidades das partes interessadas e na avaliação dos riscos de suborno. É importante que o âmbito seja abrangente o suficiente para cobrir todas as atividades, processos e locais relevantes da organização, mas que seja também realista e exequível.

○ **Estabelecer a Política Anti-Suborno:** A política anti-suborno é a base do SGAS e deve refletir o compromisso da organização em prevenir e combater o suborno. Deve ser clara, concisa e adequada ao contexto da organização, e deve incluir os objetivos anti-suborno e os requisitos de *compliance*. A política deve ser comunicada a todos os níveis da organização e a outras partes interessadas relevantes.

○ **Avaliar os Riscos de Suborno:** A avaliação de riscos é um elemento central do SGAS. É um processo que envolve a identificação, análise e avaliação dos riscos de suborno a que a organização está exposta. Esta avaliação deve considerar os riscos internos e externos, os setores em que a organização opera, as atividades e processos, bem como as localizações geográficas. As organizações devem usar técnicas de análise de risco como os 5 Porquês ou o diagrama de Ishikawa para identificar as causas subjacentes a potenciais casos de suborno.

○ **Definir Objetivos Anti-Suborno:** Os objetivos devem ser coerentes com a política anti-suborno, mensuráveis (se possível), considerar os fatores identificados na análise do contexto, os requisitos das partes interessadas e os riscos de suborno identificados. Os objetivos devem ser definidos para todos os níveis e funções relevantes da organização.

○ **Alocação de Recursos:** É necessário alocar os recursos necessários (financeiros, humanos, tecnológicos) para a implementação, manutenção e melhoria contínua do SGAS. Isso inclui a definição das funções e responsabilidades da equipa do SGAS, a formação, a aquisição de tecnologia e ferramentas de controlo.

2. **Fase de Implementação:**

○ **Definir a Estrutura Organizacional do SGAS:** A estrutura organizacional deve ser definida de forma clara, atribuindo funções e responsabilidades para a operação do SGAS. Isto inclui a nomeação de uma função de *compliance* anti-suborno com autoridade e responsabilidade para supervisionar o sistema. A alta direção deve demonstrar liderança e compromisso na implementação do SGAS.

○ **Desenvolver e Implementar os Controlos Anti-Suborno:** Os controlos anti-suborno devem ser implementados de forma proporcional aos riscos identificados na avaliação de riscos. Estes controlos podem incluir:

▪ **Due Diligence:** Implementar processos de *due diligence* para avaliar a idoneidade de parceiros de negócios, fornecedores, agentes, intermediários e outros terceiros com os quais a organização estabelece relações comerciais. A *due diligence* deve ser adaptada ao nível de risco e deve incluir verificação de antecedentes, controlo da reputação e avaliações de *compliance*.

- **Controlos Financeiros:** Estabelecer controlos financeiros robustos para detetar e prevenir o suborno. Isto inclui a segregação de funções, controlo orçamental, aprovação de despesas, auditorias financeiras e registos precisos das transações.

- **Controlos Não Financeiros:** Implementar controlos não financeiros, como procedimentos de aprovação de contratos, códigos de conduta, políticas de presentes e hospitalidade, políticas de conflitos de interesse, controlos de acessos, denúncia de irregularidades e avaliações de desempenho.

- **Compromissos Anti-Suborno:** Obter compromissos anti-suborno de todos os colaboradores, parceiros de negócio e outras partes interessadas. Estes compromissos devem incluir a adesão à política anti-suborno, aos códigos de conduta e às outras normas do SGAS.

○ **Implementar Processos de Comunicação e Formação:** A comunicação e formação são elementos essenciais para a eficácia do SGAS. É necessário desenvolver um plano de comunicação para divulgar a política anti-suborno, os procedimentos e as normas do SGAS a todos os colaboradores e outras partes interessadas. É também crucial implementar programas de formação para garantir que os colaboradores compreendam os riscos de suborno e as suas responsabilidades na implementação do SGAS. A formação deve ser adaptada às diferentes funções e níveis de risco e deve ser realizada periodicamente.

○ **Criar Canais de Denúncia:** Estabelecer canais de denúncia confidenciais e seguros para que os colaboradores e outras partes interessadas possam reportar suspeitas de suborno ou violações da política anti-suborno sem receio de represálias. Estes canais devem ser acessíveis, fáceis de usar e geridos de forma eficaz.

○ **Documentar o Sistema:** É fundamental documentar todos os aspetos do SGAS, incluindo a política anti-suborno, os procedimentos, os controlos, os registos de formação, as avaliações de risco, os registos de *due diligence* e os resultados das auditorias. A documentação deve ser controlada e atualizada regularmente.

3. **Fase de Monitorização, Avaliação e Melhoria Contínua:**

○ **Monitorizar e Medir o Desempenho do SGAS:** Estabelecer indicadores de desempenho (KPIs) para medir a eficácia do SGAS e acompanhar o progresso em direção aos objetivos anti-suborno. Os KPIs podem incluir, por exemplo, o número de casos de suborno reportados, o número de colaboradores formados, a eficácia dos controlos de *due diligence* ou o tempo de resposta a denúncias.

○ **Realizar Auditorias Internas:** Conduzir auditorias internas regulares para avaliar a conformidade do SGAS com os requisitos da norma ISO 37001 e identificar áreas de melhoria. As auditorias internas devem ser planeadas e realizadas por auditores independentes e qualificados.

○ **Realizar Revisões de Gestão:** A alta direção deve realizar revisões de gestão periódicas para avaliar a adequação, eficácia e conveniência do SGAS. As revisões de gestão devem considerar os resultados das auditorias internas, os resultados do desempenho, os *feedbacks* das partes interessadas e as mudanças no contexto da organização.

○ **Implementar Ações Corretivas e Preventivas (CAPA):** Implementar ações corretivas para abordar as não conformidades identificadas durante as auditorias, revisões de gestão ou outros mecanismos de monitorização. É importante analisar as causas subjacentes das não conformidades e implementar ações preventivas para evitar a sua recorrência. A técnica dos 5 porquês e o diagrama de Ishikawa são ferramentas uteis nessa análise.

○ **Promover a Melhoria Contínua:** A melhoria contínua é um elemento chave do SGAS. A organização deve procurar continuamente formas de melhorar a eficácia do SGAS e adaptar os controlos às mudanças no contexto e nos riscos de suborno.

Adaptação da Metodologia ao Contexto da Organização

A adaptação da metodologia ao contexto da organização é crucial para o sucesso da implementação do SGAS. As fontes sublinham que não existe uma abordagem única e que as organizações devem adaptar a metodologia às suas necessidades, riscos e capacidades. É importante ter em consideração os seguintes fatores:

- **Tamanho e Estrutura da Organização:** O tamanho e a complexidade da estrutura organizacional influenciam a forma como o SGAS é implementado. Empresas maiores e mais complexas podem necessitar de um SGAS mais formal e estruturado, enquanto empresas menores podem adotar uma abordagem mais flexível.
- **Setor de Atividade:** O setor de atividade da organização influencia o tipo de riscos de suborno a que está exposta. Setores com

maior exposição a riscos de suborno, como o setor público ou o setor da construção, podem necessitar de controlos mais rigorosos.

- **Localização Geográfica:** A localização geográfica da organização pode influenciar o nível de risco de suborno e os requisitos legais. Organizações que operam em países com altos níveis de corrupção ou com legislação anti-suborno mais rigorosa podem necessitar de controlos adicionais.
- **Cultura Organizacional:** A cultura organizacional tem um grande impacto no sucesso do SGAS. Uma cultura organizacional que valoriza a ética e a integridade facilita a implementação do SGAS e aumenta o seu nível de eficácia. É necessário envolver a liderança e outros colaboradores na criação de uma cultura que promova os valores e princípios do SGAS.
- **Recursos Disponíveis:** Os recursos financeiros, humanos e tecnológicos disponíveis também influenciam a forma como o SGAS é implementado. As organizações devem procurar formas eficientes de implementar o SGAS, adaptando as ações aos recursos disponíveis.
- **Nível de Maturidade:** O nível de maturidade da organização em relação à gestão de riscos de suborno também deve ser considerado. Organizações com menos experiência podem começar por implementar os elementos básicos do SGAS e ir progressivamente melhorando a sua complexidade.

Abordagem Prática

Para uma implementação eficaz do SGAS, as organizações devem adotar uma abordagem prática, que envolve:

- **Envolvimento da Liderança:** A alta direção deve demonstrar um compromisso claro com o SGAS, promovendo uma cultura de ética e integridade em toda a organização.

- **Envolvimento dos Colaboradores:** Todos os colaboradores devem estar envolvidos na implementação do SGAS, compreendendo os seus riscos e responsabilidades.
- **Formação Contínua:** Os colaboradores devem receber formação regular e adequada às suas funções e responsabilidades, garantindo que compreendam os riscos de suborno e as normas do SGAS.
- **Comunicação Aberta e Transparente:** A comunicação deve ser aberta, transparente e bidirecional, incentivando os colaboradores a reportar preocupações e sugerir melhorias.
- **Monitorização e Avaliação Contínuas:** O SGAS deve ser monitorizado e avaliado continuamente para garantir a sua eficácia e a sua adequação às mudanças no contexto da organização.
- **Melhoria Contínua:** A organização deve procurar continuamente formas de melhorar o SGAS, aprendendo com a experiência e adaptando-se às melhores práticas.

A implementação de um SGAS segundo a ISO 37001 é um processo complexo que exige um planeamento cuidadoso, uma implementação rigorosa e um compromisso contínuo com a melhoria. A metodologia deve ser adaptada ao contexto específico de cada organização, envolvendo todos os níveis da organização na promoção de uma cultura de ética e integridade. Ao seguir uma abordagem estruturada e pragmática, as organizações podem implementar um SGAS eficaz, que minimize o risco de suborno e proteja a sua reputação.

Estudos de caso e exemplos práticos

O Escândalo de Suborno da Siemens: Um Caso Paradigmático

O caso da Siemens é frequentemente citado como um exemplo de como a corrupção pode afetar uma grande corporação e como uma resposta adequada pode levar à recuperação e à implementação de um sistema de gestão anti-suborno eficaz. Este caso ilustra a necessidade de uma cultura ética forte, controlos internos rigorosos e um compromisso da liderança na luta contra a corrupção.

- **A Natureza do Escândalo:**

  ○ O escândalo de suborno da Siemens, que veio à tona em meados dos anos 2000, envolveu **pagamentos ilícitos a funcionários públicos e entidades privadas em várias partes do mundo** para garantir contratos lucrativos.

  ○ As práticas corruptas da Siemens estavam disseminadas em diversas áreas de negócio e regiões geográficas, o que revelou um **problema sistémico de falta de controlos internos e uma cultura ética inadequada.**

  ○ O esquema de suborno da Siemens envolveu um **sistema complexo de contas bancárias secretas e empresas de fachada**, utilizadas para ocultar os pagamentos ilegais.

  ○ O escândalo da Siemens foi um dos maiores casos de corrupção empresarial da história, com subornos estimados em mais de **1,3 mil milhões de euros.**

- **Impacto do Escândalo:**

  ○ O escândalo resultou em **enormes multas e penalidades legais** para a Siemens, bem como danos significativos à sua reputação global.

  ○ A empresa enfrentou **ações judiciais e investigações regulatórias** em várias jurisdições, o que resultou numa perda de confiança por parte dos investidores, clientes e outras partes interessadas.

○ A Siemens sofreu uma **queda acentuada no seu valor de mercado** e viu a sua imagem ser seriamente prejudicada devido ao escândalo.

○ O caso da Siemens **abalou a confiança no setor empresarial** e destacou a necessidade urgente de maior transparência e *accountability*.

- **A Redenção da Siemens: Implementação de um Sistema de Gestão Anti-Suborno (SGAS) Robustecido:**

○ Após o escândalo, a Siemens reconheceu a **gravidade da situação** e embarcou numa jornada de recuperação abrangente, que incluiu um investimento significativo num programa de *compliance* robusto.

○ A Siemens adotou uma **abordagem multifacetada** para combater a corrupção, que incluiu:

▪ **Compromisso da liderança:** A liderança da Siemens demonstrou um compromisso visível com a ética e a *compliance*, definindo o tom para toda a organização.

▪ **Alocação de recursos:** A empresa investiu em pessoal qualificado, tecnologia avançada e sistemas de *reporting* e investigação para fortalecer as suas capacidades de *compliance*.

▪ **Implementação de controlos financeiros rigorosos:** A Siemens estabeleceu controlos financeiros robustos para garantir que os recursos são utilizados para os fins a que se destinam e que os subornos são detetados.

- ***Due diligence***: A empresa adotou processos de *due diligence* para avaliar o risco associado a parceiros de negócios, fornecedores e outras partes terceirizadas.

- **Formação e consciencialização:** A Siemens implementou programas de formação para educar os seus funcionários sobre os riscos de suborno, a importância da conduta ética e os requisitos do seu SGAS.

- **Mecanismos de denúncia:** A empresa estabeleceu mecanismos eficazes para que os funcionários pudessem denunciar preocupações de suborno com segurança e confidencialidade.

- **Monitorização e auditoria:** A Siemens adotou um sistema de monitorização contínua e auditorias regulares para avaliar a eficácia do seu SGAS e identificar áreas para melhoria.

  - A Siemens adotou uma **abordagem baseada no risco** para alocar os seus recursos de forma eficaz, focando em áreas de alto risco.

  - A empresa estabeleceu **KPIs (Indicadores-Chave de Desempenho)** para avaliar o impacto do seu programa de *compliance* e adaptar as suas estratégias conforme necessário.

  - A Siemens promoveu uma **cultura de ética e *compliance*** através de campanhas de consciencialização, estratégias de comunicação e envolvimento da liderança.

  - A empresa **colaborou com as autoridades reguladoras** para resolver questões legais e demonstrar o seu compromisso com a *compliance*.

○ A Siemens reconheceu que a alocação de recursos não era apenas sobre tecnologia e pessoal, mas também sobre **fomentar uma cultura de ética e conformidade.**

○ O caso da Siemens também demonstra a importância do *due diligence* em relações com terceiros, como parceiros de negócios, fornecedores e outros, para garantir que também estão em conformidade com as leis e políticas anti-suborno.

○ A empresa adaptou as suas estratégias de alocação de recursos com base em *feedback* e lições aprendidas, demonstrando um compromisso com a melhoria contínua.

○ O caso da Siemens demonstrou que a alocação de recursos não era uma solução de curto prazo, mas sim um **investimento a longo prazo** na construção de uma cultura de ética e *compliance.*

- **Lições Aprendidas:**

○ **A corrupção pode ocorrer em qualquer organização,** independentemente do seu tamanho ou reputação.

○ **A cultura ética da organização é crucial** para prevenir a corrupção. A liderança deve dar o exemplo e promover uma cultura de integridade em todos os níveis da organização.

○ **Controlos internos robustos e eficazes** são essenciais para detetar e prevenir a corrupção. As organizações devem implementar procedimentos de controlo financeiro e não financeiro e monitorizar a sua eficácia.

○ **A *due diligence* é um passo fundamental** para mitigar o risco de corrupção. As organizações devem realizar *due* *diligence* sobre parceiros de negócios, fornecedores e outras partes terceirizadas.

- **A formação e a consciencialização são necessárias** para garantir que todos os funcionários compreendem os riscos de suborno e os requisitos do SGAS.

- **Os mecanismos de denúncia são importantes** para encorajar os funcionários a denunciar preocupações de suborno com segurança e confidencialidade.

- **A monitorização contínua e as auditorias regulares** são essenciais para avaliar a eficácia do SGAS e identificar áreas para melhoria.

- **A melhoria contínua é fundamental** para manter a adequabilidade, eficácia e eficiência do SGAS. As organizações devem aprender com as suas experiências e adaptar as suas práticas conforme necessário.

- **A cooperação com as autoridades reguladoras é crucial** para resolver problemas legais e demonstrar o compromisso com a *compliance.*

O caso da Siemens serve como um lembrete da importância de uma **cultura ética forte, controlos internos rigorosos, compromisso da liderança, *due diligence* e monitorização contínua** para prevenir a corrupção. A redenção da Siemens através da implementação de um SGAS robustecido demonstra que é possível para as organizações recuperarem de escândalos de corrupção e estabelecerem-se como modelos de integridade. Este caso também mostra que a implementação de um SGAS não é apenas uma obrigação legal, mas também um investimento que protege a reputação de uma empresa e contribui para o seu sucesso a longo prazo.

Exemplos de Organizações que Implementaram com Sucesso Sistemas de Gestão Anti-Suborno:

- **General Electric (GE):** A GE é referida como um exemplo de como o envolvimento da alta gestão num programa de *compliance* é crucial para o sucesso da implementação de medidas anti-suborno. A empresa demonstra que o compromisso com a conduta ética deve começar no topo e permear toda a organização. A GE implementou programas de *compliance* abrangentes, mitigando riscos legais e financeiros, construindo confiança com as partes interessadas e garantindo o crescimento sustentável.
- **Johnson & Johnson (J&J):** A J&J é mencionada como uma organização que possui um quadro ético robusto, que orienta os seus esforços anti-suborno. O seu "credo" serve como uma filosofia orientadora, demonstrando que a integridade ética e os esforços anti-suborno são componentes vitais da responsabilidade corporativa e do sucesso a longo prazo.
- **Lockheed Martin:** Esta empresa desenvolveu um programa de formação abrangente para garantir que todos os funcionários estão cientes e alinhados com a sua política anti-suborno. O programa de formação da Lockheed Martin inclui módulos com cenários do mundo real, aprendizagem interativa e materiais acessíveis, reforçando a importância da conduta ética no dia-a-dia.
- **Microsoft:** A Microsoft é citada como exemplo de uma empresa de tecnologia que implementou KPIs (Indicadores Chave de Desempenho) para avaliar a eficácia do seu programa de *compliance.* A utilização de KPIs permite que a empresa monitore o progresso em relação aos objetivos anti-suborno e melhore continuamente o seu sistema de gestão.
- **GlaxoSmithKline (GSK):** A GSK é um exemplo de empresa farmacêutica que realizou extensos programas de formação para educar os seus funcionários sobre os riscos de suborno e *compliance.* Os programas de formação da GSK incluíram conteúdo personalizado,

um quadro legal e ético, e cenários do mundo real, garantindo que os funcionários de diferentes funções e níveis compreendem as suas responsabilidades em matéria de anti-suborno.

- **Transparency International (TI):** Esta ONG global anticorrupção utiliza auditorias internas para manter a transparência e a responsabilidade dentro da sua própria organização. O exemplo da TI destaca como organizações não governamentais podem liderar pelo exemplo, utilizando auditorias internas para salvaguardar a sua reputação e promover a *accountability* na luta contra a corrupção.
- **Petrobras:** Embora a Petrobras tenha enfrentado um escândalo de corrupção, a sua situação serve como um exemplo de que as organizações devem estabelecer processos de aquisição transparentes, mecanismos de proteção para denunciantes e uma cultura de ética e *compliance*. A Petrobras destaca a importância de monitorizar e avaliar os controlos, além de enfatizar que empresas que atuam em várias jurisdições devem garantir a *compliance* com as leis anti-suborno e as regulamentações internacionais.

Análise de Casos de Estudo e Lições Aprendidas:

A análise de casos de estudo revela lições cruciais para a implementação eficaz de um SGAS:

- **A importância da liderança:** O compromisso da alta gestão é fundamental para o sucesso de qualquer programa anti-suborno. A liderança deve definir o tom, estabelecendo expectativas claras e alocando recursos adequados.
- **A avaliação de riscos é essencial:** É fundamental identificar e mitigar os riscos de suborno de forma proativa. Organizações como a Enron e a Volkswagen enfrentaram consequências graves devido a avaliações de risco inadequadas.
- **A comunicação e a formação são cruciais:** Uma política anti-suborno bem elaborada só é eficaz se for compreendida e seguida por todos os funcionários. Programas de formação abrangentes, que incluam cenários do mundo real e métodos de aprendizagem

interativos, aumentam a consciencialização e a retenção de conhecimento.

- **A alocação de recursos é vital:** As organizações devem alocar recursos adequados, incluindo pessoal, tecnologia e orçamento, para apoiar o seu SGAS. A alocação estratégica de recursos, com foco em áreas de alto risco, garante que o sistema anti-suborno funcione de forma eficaz.
- **O controlo e a monitorização são obrigatórios:** É necessário implementar controlos financeiros e não financeiros robustos para detetar e prevenir o suborno. A monitorização contínua da eficácia dos controlos, através de indicadores chave de desempenho (KPIs), é essencial para a melhoria contínua.
- **Auditorias internas são importantes:** As auditorias internas regulares são um mecanismo fundamental para avaliar a conformidade com as normas anti-suborno e identificar áreas de melhoria. As auditorias devem ser planeadas, executadas e seguidas de ações corretivas para garantir que o SGAS é eficaz.
- **As ações corretivas e preventivas são necessárias:** É essencial analisar as causas de não conformidades, implementar ações corretivas para resolver problemas imediatos e tomar ações preventivas para evitar a recorrência. A melhoria contínua é fundamental para a adequação, eficácia e adequabilidade do SGAS.
- **O *due diligence* é crucial:** É fundamental realizar uma *due diligence* adequada sobre parceiros de negócios, fornecedores e outras partes terceirizadas, para garantir que estes também cumpram as normas anti-suborno. O *due diligence* deve incluir avaliações da legalidade da entidade, qualificações, experiência, recursos disponíveis e histórico de conformidade com as leis anti-suborno.
- **Os mecanismos de denúncia são necessários:** As organizações devem implementar mecanismos eficazes para que os funcionários possam denunciar preocupações de suborno com segurança e

confidencialidade. As organizações podem utilizar terceiros para gerir os sistemas de denúncia, garantindo a sua imparcialidade e eficácia.

Com estes exemplos práticos e lições, as organizações podem implementar SGAS eficazes, promovendo uma cultura de ética e conformidade e reduzindo os riscos associados ao suborno. A adoção de práticas anti-suborno não apenas protege as organizações de consequências legais e financeiras, mas também aumenta a sua reputação e credibilidade no mercado global.

Elaboração de uma Política Anti-Suborno Eficaz

A elaboração de uma política anti-suborno eficaz é um passo crucial para qualquer organização que pretenda mitigar os riscos de suborno e corrupção, proteger a sua reputação e assegurar a *compliance* com as leis e regulamentos aplicáveis. Uma política bem definida não só demonstra o compromisso da organização com a ética e a integridade, como também serve como um guia para todos os seus colaboradores e parceiros de negócio.

Passos para Desenvolver uma Política Anti-Suborno Eficaz Alinhada com os Valores e Objetivos da Organização:

1. **Compromisso da Liderança:**

   - O desenvolvimento de uma política anti-suborno eficaz deve começar com o **compromisso claro e visível da alta gestão** da organização. A liderança deve demonstrar um apoio ativo à política, servindo de exemplo para o resto da organização.

   - É fundamental que a liderança **comunique a importância da ética e da integridade** como valores fundamentais da organização, deixando claro que o suborno e a corrupção não serão tolerados.

○ A liderança deve assegurar que a política anti-suborno seja **integrada na estratégia geral da organização**, e não seja vista como um mero requisito de *compliance*.

○ O compromisso da liderança deve ser **documentado e comunicado** a todos os níveis da organização.

2. **Envolvimento das Partes Interessadas (Stakeholders):**

○ O desenvolvimento da política deve envolver **consultas com diversas partes interessadas** dentro e fora da organização, incluindo, por exemplo:

▪ **Departamentos:** Jurídico, *compliance*, auditoria interna, recursos humanos, finanças e operações.

▪ **Colaboradores:** De todos os níveis hierárquicos, para garantir diversas perspetivas e perceções.

▪ **Parceiros de negócio:** Fornecedores, clientes e outros parceiros, pois a política também pode afetá-los.

▪ **Consultores externos:** Especialistas em leis anticorrupção e *compliance*.

○ Este envolvimento garante que a política **reflita as necessidades e preocupações** de todas as partes interessadas e promova um sentido de responsabilidade partilhada.

○ É essencial garantir que todas as opiniões sejam **consideradas e incorporadas** na política de forma adequada.

3. **Análise de Risco:**

○ A política anti-suborno deve ser **baseada numa análise de risco detalhada**, que identifique os riscos de suborno específicos que a organização enfrenta.

○ A análise de risco deve considerar **fatores internos e externos**, incluindo:

▪ **Natureza das atividades da organização.**

▪ **Setores de atividade.**

▪ **Regiões geográficas onde opera.**

▪ **Estrutura organizacional.**

▪ **Parceiros de negócio e fornecedores.**

▪ **Histórico de incidentes de suborno.**

▪ **Requisitos legais e regulamentares aplicáveis.**

○ Os riscos identificados devem ser **avaliados e priorizados**, para que a política se foque nas áreas de maior risco.

4. **Definição Clara de Termos e Âmbito:**

○ A política deve incluir uma **definição clara e abrangente** dos seguintes termos:

▪ **Suborno:** Ações que constituem suborno.

▪ **Corrupção:** Ações que constituem corrupção.

▪ **Vantagem indevida:** O que constitui uma vantagem indevida.

- **Pagamentos de facilitação:** Ações que constituem pagamentos de facilitação.

○ O âmbito da política deve ser claramente definido, especificando a quem se aplica (todos os colaboradores, parceiros de negócio, fornecedores, etc.) e quais as atividades cobertas.

○ É importante deixar claro que a política se aplica a **todas as jurisdições onde a organização opera**.

5. **Proibição de Conduta Ilegal:**

○ A política deve conter uma **declaração clara e inequívoca** que condena o suborno e a corrupção em todas as suas formas.

○ Deve **especificar claramente as condutas proibidas**, como oferecer, prometer, dar, aceitar, solicitar ou facilitar subornos, incluindo a participação em esquemas de *kickbacks* ou qualquer outra forma de vantagem indevida.

○ Deve também referir a proibição de pagamentos de facilitação, ou seja, pagamentos informais para acelerar ou garantir uma ação governamental rotineira.

○ A política deve deixar claro que **nenhum ato de suborno será tolerado**, independentemente das circunstâncias ou resultados esperados.

6. **Compromisso com a *Compliance* Legal:**

○ A política deve garantir a *compliance* com todas as **leis e regulamentos anti-suborno aplicáveis** nas jurisdições onde a organização opera.

○ Deve incluir referências às principais **convenções internacionais** relacionadas com o suborno.

○ A organização deve assegurar que se **mantém atualizada** sobre as mudanças nas leis e regulamentos anti-suborno e que adapta a sua política conforme necessário.

7. **Estabelecimento de Controlos e Procedimentos:**

○ A política deve delinear os **controlos e procedimentos** que a organização implementará para prevenir, detetar e responder ao suborno. Estes podem incluir:

▪ ***Due diligence*:** Processos para avaliar riscos antes de se envolver com parceiros, fornecedores e outros terceiros.

▪ **Controlos financeiros:** Procedimentos para gerir as finanças de forma transparente e evitar a utilização de fundos para fins de suborno.

▪ **Controlos não financeiros:** Procedimentos para mitigar os riscos de suborno em áreas não financeiras, como contratação, *procurement*, e gestão de projetos.

▪ **Procedimentos de denúncia:** Mecanismos seguros e confidenciais para que os colaboradores possam denunciar suspeitas de suborno sem medo de retaliação.

▪ **Procedimentos de investigação:** Processos para investigar denúncias de suborno e tomar as ações corretivas necessárias.

▪ **Controles de emprego:** Inclui processos para garantir a conformidade com a política anti-suborno e o direito à disciplina em caso de não conformidade.

▪ **Formação e consciencialização:** Programas regulares de formação para educar os colaboradores sobre a política e os riscos de suborno.

○ É importante que todos os procedimentos sejam **claramente documentados e comunicados** a todos os colaboradores.

8. **Definição de Responsabilidades:**

○ A política deve definir claramente as **responsabilidades de cada colaborador** e departamento na implementação da política anti-suborno.

○ Deve também especificar as **responsabilidades do órgão de gestão**, do responsável pela função de *compliance* e de outras partes interessadas.

○ Deve ser estabelecida uma **função de *compliance* anti-suborno**, com autoridade, competência e independência para supervisionar a implementação e eficácia da política.

○ O responsável pela função de *compliance* deve ter **acesso direto à gestão de topo** para assegurar a sua independência e eficácia.

9. **Consequências da Violação da Política:**

○ A política deve definir claramente as **consequências para as violações da política anti-suborno.**

○ Estas consequências podem incluir **ações disciplinares** (incluindo suspensão e cessação de contrato), ações legais, e potenciais danos reputacionais.

○ As consequências devem ser **consistentes e proporcionais** à gravidade da violação.

○ A política deve assegurar que **todos os colaboradores e parceiros de negócio** compreendem as consequências de uma violação da política anti-suborno.

10. **Comunicação e Formação:**

○ A política deve ser **comunicada de forma eficaz** a todos os colaboradores, parceiros de negócio e outras partes interessadas.

○ A comunicação deve ser **adaptada aos diferentes públicos** e usar diversos canais, como reuniões, emails, intranet, materiais impressos e treinamentos *online*.

○ A política deve ser **disponibilizada em todos os idiomas** relevantes.

○ Devem ser implementados **programas de formação** regulares para educar os colaboradores sobre a política, os riscos de suborno e os mecanismos de *reporting*.

11. **Revisão e Melhoria Contínua:**

○ A política deve ser **revisto e atualizada periodicamente**, para garantir que permanece relevante e eficaz.

○ A revisão deve considerar os resultados das auditorias internas, *feedback* dos colaboradores, e mudanças nas leis e regulamentos.

○ A organização deve estar comprometida com a **melhoria contínua do seu sistema de gestão anti-suborno** e adaptar a sua política conforme necessário.

12. **Documentação e Registos:**

○ A organização deve manter **registos detalhados** de todas as atividades relacionadas com a política anti-suborno, incluindo avaliações de risco, formações, denúncias de suborno, investigações e ações corretivas.

○ A documentação deve ser **organizada e acessível** para fins de auditoria e revisão.

○ Os registos são também uma prova da **conformidade da organização** com a norma ISO 37001.

Elementos Chave de uma Política Anti-Suborno Eficaz

Uma política anti-suborno eficaz é fundamental para qualquer organização que pretenda prevenir a corrupção e o suborno, proteger a sua reputação e cumprir as leis e regulamentos aplicáveis. Esta política deve ser um documento vivo, adaptado às necessidades específicas de cada organização, e deve ser comunicada e implementada de forma eficaz em todos os níveis da organização.

Os elementos chave de uma política anti-suborno eficaz, segundo as fontes, são:

- **Compromisso da Liderança:**

○ A política deve começar com uma declaração clara do **compromisso da alta gestão** em combater o suborno e a corrupção. Este compromisso deve ser demonstrado através de ações concretas e não apenas palavras. A liderança deve ser um modelo de comportamento ético e garantir que a política seja integrada na cultura da organização.

○ A alta gestão deve **alocar os recursos necessários** para a implementação e manutenção da política anti-suborno. Isto inclui recursos financeiros, humanos e tecnológicos.

○ A liderança deve **assegurar a independência da função de *compliance***, garantindo que esta tenha acesso direto à gestão de topo e ao órgão de governo.

- **Âmbito e Definições Claras:**

○ A política deve **definir claramente os termos** chave como suborno, corrupção, vantagem indevida, e pagamentos de facilitação. Estas definições devem ser abrangentes e facilmente compreensíveis por todos os colaboradores.

○ Deve **especificar o âmbito da política**, identificando a quem se aplica (todos os colaboradores, parceiros de negócio, fornecedores, etc.) e as atividades abrangidas. A política deve aplicar-se a todas as jurisdições onde a organização opera.

○ É importante que a política inclua uma **declaração inequívoca** de que o suborno e a corrupção são inaceitáveis em todas as suas formas.

- **Proibição de Condutas Ilícitas:**

○ A política deve **proibir explicitamente** a oferta, promessa, entrega, aceitação, solicitação ou facilitação de subornos. Isto inclui *kickbacks* e outras formas de vantagens indevidas.

○ A política deve também **proibir pagamentos de facilitação**, a menos que sejam permitidos pelas leis locais.

○ Deve ser **claro que a política se aplica a todos os colaboradores e parceiros de negócio**, independentemente do seu nível hierárquico ou localização geográfica.

- ***Due Diligence* e Avaliação de Riscos:**

○ A política deve incluir **procedimentos de *due diligence*** para avaliar os riscos de suborno associados a parceiros de negócio, fornecedores e outros terceiros. Esta avaliação deve ser proporcional aos riscos identificados.

○ A organização deve realizar **avaliações de risco regulares** para identificar e mitigar potenciais áreas de vulnerabilidade ao suborno. Estas avaliações devem considerar fatores internos e externos.

○ Os riscos devem ser **priorizados** para que a política e os controlos se foquem nas áreas de maior risco.

- **Controlos Financeiros e Não Financeiros:**

○ A política deve incluir **controlos financeiros** para prevenir a utilização de fundos para fins de suborno. Isto inclui a separação de funções, o registo rigoroso de transações e a limitação do uso de dinheiro.

○ Devem ser implementados **controlos não financeiros** para mitigar os riscos de suborno em áreas como contratação, *procurement* e gestão de projetos.

○ Os controlos devem ser **adequados e proporcionais** aos riscos identificados.

- **Mecanismos de Denúncia (Whistleblowing):**

○ A política deve estabelecer **procedimentos de denúncia** que permitam aos colaboradores e outras partes interessadas reportar suspeitas de suborno de forma confidencial e segura.

○ Deve ser garantida a **proteção dos denunciantes** contra retaliações.

○ Os procedimentos de denúncia devem ser **claros e acessíveis** a todos os colaboradores.

- **Processos de Investigação:**

○ A política deve estabelecer **processos para investigar** denúncias de suborno e tomar as ações corretivas necessárias.

○ As investigações devem ser **conduzidas de forma imparcial e confidencial.**

○ As ações corretivas devem abordar as causas do problema e prevenir a sua recorrência.

- **Responsabilidades e Autoridades:**

○ A política deve **definir claramente as responsabilidades** de cada função e nível hierárquico na implementação da política anti-suborno.

○ Deve ser nomeada uma **função de *compliance* anti-suborno** com autoridade, competência e independência para supervisionar a implementação da política.

○ As responsabilidades e autoridades devem ser **documentadas e comunicadas** a todos os colaboradores.

- **Consequências da Não Conformidade:**

○ A política deve estabelecer **consequências claras** para as violações da política anti-suborno. Estas consequências podem incluir ações disciplinares, sanções financeiras e ações legais.

○ As consequências devem ser **consistentes e proporcionais** à gravidade da violação.

- **Comunicação, Formação e Sensibilização:**

○ A política deve ser **comunicada de forma eficaz** a todos os colaboradores, parceiros de negócio e outras partes interessadas. Esta comunicação deve ser adaptada a diferentes públicos.

○ A organização deve implementar **programas de formação regulares** para educar os colaboradores sobre os riscos de suborno e a política anti-suborno. Esta formação deve ser adaptada a diferentes funções e níveis hierárquicos.

○ A organização deve **promover uma cultura de ética e integridade**, onde o suborno e a corrupção são inaceitáveis.

- **Revisão e Melhoria Contínua:**

○ A política deve ser **revisto e atualizada regularmente** para garantir que permanece relevante e eficaz. Esta revisão deve ter em conta as mudanças no contexto da organização e nas leis e regulamentos aplicáveis.

○ A organização deve **monitorizar a eficácia** da política e implementar ações corretivas e preventivas quando necessário. A organização deve procurar oportunidades de melhoria contínua.

- **Documentação:**

○ A organização deve manter **documentação adequada** de todas as atividades relacionadas com a política anti-suborno, incluindo avaliações de risco, treinamentos, denúncias, investigações e ações corretivas.

○ Esta documentação deve ser **acessível** para fins de auditoria e revisão.

Como Comunicar a Política Anti-Suborno para Todos os Níveis da Organização

A comunicação eficaz de uma política anti-suborno é crucial para garantir que todos os colaboradores e outras partes interessadas compreendam e cumpram os seus requisitos. Não basta ter uma política bem elaborada; é fundamental que esta seja disseminada de forma clara e consistente por toda a organização. Uma comunicação eficaz ajuda a promover uma cultura de ética e integridade, prevenindo o suborno e a corrupção.

Aqui estão os principais passos e estratégias para uma comunicação eficaz:

- **Desenvolver um Plano de Comunicação Abrangente:**

  - **Identificar os Públicos-Alvo:** É fundamental adaptar a mensagem aos diferentes níveis hierárquicos e funções dentro da organização, bem como a outras partes interessadas, como fornecedores, parceiros de negócio e clientes. Cada grupo pode ter necessidades e níveis de compreensão diferentes.

  - **Definir Objetivos Claros:** É necessário estabelecer o que se pretende alcançar com a comunicação, seja aumentar a consciencialização, promover a compreensão ou garantir o cumprimento da política.

  - **Escolher os Canais de Comunicação Adequados:** Utilizar uma combinação de canais internos e externos para garantir que a mensagem chegue a todos os públicos. Isso pode incluir e-mails, intranet, reuniões presenciais, workshops, newsletters, cartazes, vídeos e websites. É importante que a política seja facilmente acessível a todos, especialmente através das plataformas internas de comunicação da organização.

  - **Criar Mensagens Personalizadas:** Adaptar a linguagem e o conteúdo da mensagem a cada grupo de interesse, usando uma linguagem clara e exemplos práticos. As mensagens devem ser adaptadas às preocupações e responsabilidades específicas de cada grupo.

  - **Definir um Cronograma:** Planear quando e com que frequência a comunicação será realizada, assegurando que não seja apenas um evento pontual, mas sim um processo contínuo.

- **Implementar Programas de Formação e Sensibilização:**

  - **Formação Obrigatória:** Garantir que todos os colaboradores recebam formação sobre a política anti-suborno, leis aplicáveis, riscos e mecanismos de denúncia. A formação deve ser adaptada às funções e responsabilidades de cada colaborador.

  - **Formação Contínua:** Realizar sessões de atualização periódicas para reforçar a mensagem, abordar novas informações e discutir casos práticos. Usar exemplos reais para ilustrar os riscos de suborno.

  - **Conteúdo da Formação:** A formação deve abordar os seguintes pontos:

    - O que é suborno e as suas diferentes formas.

    - A política anti-suborno da organização.

    - As leis aplicáveis e as consequências do suborno.

    - Os mecanismos de denúncia e proteção dos denunciantes.

    - A importância da *due diligence* e dos controlos financeiros e não financeiros.

    - Exemplos de situações de risco e como agir.

  - **Métodos de Formação:** Utilizar diversos métodos de formação, incluindo *e-learning*, sessões presenciais, workshops, discussões em grupo e sessões individuais. A escolha do método deve depender do tamanho da organização e dos riscos de suborno.

○ **Material de Apoio:** Fornecer materiais de apoio, como manuais, guias e *checklists*, para que os colaboradores possam consultar sempre que necessário.

- **Utilizar Diversos Canais de Comunicação:**

○ **Comunicação Interna:**

▪ **Reuniões:** Realizar reuniões regulares com as equipas para discutir a política e esclarecer dúvidas.

▪ **Intranet:** Publicar a política e outros materiais relevantes na intranet da organização.

▪ **E-mails:** Enviar e-mails regulares com mensagens de reforço e atualizações sobre a política.

▪ **Cartazes e Banners:** Afixar cartazes e banners em locais estratégicos da organização para lembrar os colaboradores sobre a política.

▪ **Vídeos:** Criar vídeos educativos para sensibilizar os colaboradores para a importância da política.

○ **Comunicação Externa:**

▪ **Website:** Publicar a política anti-suborno no website da organização, de modo a que seja acessível a todas as partes interessadas.

▪ **Comunicação Direta:** Comunicar a política diretamente a parceiros de negócio e fornecedores, especialmente aqueles que apresentam um risco de suborno mais elevado.

▪ **Contratos:** Incluir a política anti-suborno nos contratos com fornecedores e parceiros de negócio.

- **Promover a Comunicação Bidirecional:**

  - **Incentivar o Feedback:** Criar mecanismos para que os colaboradores possam dar *feedback* sobre a política e a sua implementação, sugerindo melhorias.

  - **Esclarecer Dúvidas:** Garantir que os colaboradores tenham canais abertos para esclarecer dúvidas e expressar preocupações sobre a política.

  - **Canais de Denúncia:** Implementar um sistema de denúncia seguro e confidencial, através de uma linha direta ou portal online, que permita aos colaboradores reportar suspeitas de suborno sem medo de retaliação.

- **Liderança pelo Exemplo:**

  - **Envolvimento da Alta Gestão:** A alta gestão deve ser o principal exemplo de conduta ética e deve comunicar o seu compromisso com a política anti-suborno de forma clara e regular. A liderança deve participar ativamente em eventos de sensibilização e formação.

  - **Mensagens Consistentes:** A liderança deve reforçar a importância da política em todas as comunicações e interações com os colaboradores.

- **Utilizar Linguagem Clara e Acessível:**

  ○ **Evitar Jargão:** Utilizar uma linguagem simples e clara, evitando jargão jurídico ou técnico, para que todos possam compreender a política.

  ○ **Traduções:** Traduzir a política para as línguas mais comuns dentro da organização, garantindo que todos os colaboradores a possam compreender.

  ○ **Formatos Acessíveis:** Fornecer a política em formatos acessíveis para pessoas com deficiência, como *braille* ou áudio.

- **Monitorizar e Avaliar a Eficácia da Comunicação:**

  ○ **Recolher Feedback:** Realizar inquéritos e solicitar feedback aos colaboradores para avaliar o nível de compreensão da política.

  ○ **Analisar Incidentes:** Monitorizar o número de denúncias e incidentes de suborno para avaliar a eficácia da política e da comunicação.

  ○ **Adaptar a Comunicação:** Ajustar a comunicação com base no feedback e nos resultados da monitorização, para garantir que esta continua a ser eficaz.

- **Reforçar a Cultura Anti-Suborno:**

  ○ **Comunicação Contínua:** Manter a política anti-suborno presente na mente dos colaboradores, através de comunicações e ações regulares. A cultura anti-suborno deve ser reforçada de forma contínua.

○ **Discussões Abertas:** Incentivar discussões abertas sobre ética e integridade dentro da organização, criando um ambiente onde os colaboradores se sintam à vontade para expressar as suas preocupações.

Exemplos de Boas Práticas:

- A Lockheed Martin desenvolveu um programa de formação abrangente para garantir que todos os colaboradores estejam cientes da sua política anti-suborno.
- A Johnson & Johnson utiliza o seu "Credo" como um guia para as suas práticas éticas e anti-suborno.
- A General Electric envolveu a alta gestão no seu programa de *compliance*, assegurando o compromisso com a conduta ética em toda a organização.

Módulo 12: Auditoria e Certificação

O Processo de Auditoria Interna

O processo de auditoria interna é fundamental para garantir que o sistema de gestão anti-suborno (SGAS) de uma organização está a funcionar eficazmente e em conformidade com os requisitos da norma ISO 37001. Uma auditoria interna bem conduzida permite identificar áreas de melhoria, avaliar a eficácia dos controlos e garantir que a organização está a atingir os seus objetivos anti-suborno. O processo de auditoria é composto por três fases principais: planeamento, execução e acompanhamento.

1. Planeamento da Auditoria Interna

O planeamento é a fase inicial e crucial para o sucesso da auditoria. Nesta etapa, é necessário definir o escopo, os objetivos e os critérios da auditoria. Um bom planeamento garante que a auditoria é focada, eficiente e eficaz.

- **Definição do Escopo:**

    ○ Identificar as áreas, departamentos, processos e localizações geográficas que serão abrangidos pela auditoria. O escopo deve ser definido com base na análise de risco de suborno da organização.

    ○ Considerar os riscos de suborno mais elevados e priorizar as áreas de maior preocupação.

    ○ Documentar claramente o escopo da auditoria para evitar ambiguidades.

- **Definição dos Objetivos:**

    ○ Estabelecer os objetivos específicos que a auditoria pretende alcançar, como avaliar a conformidade com a norma ISO 37001, verificar a implementação dos controlos anti-suborno, ou identificar oportunidades de melhoria.

○ Os objetivos devem estar alinhados com a política anti-suborno da organização e com os resultados da análise de risco.

- **Definição dos Critérios de Auditoria:**

○ Identificar os critérios contra os quais a auditoria será realizada. Os critérios podem incluir:

▪ Requisitos da norma ISO 37001.

▪ Políticas e procedimentos internos da organização.

▪ Requisitos legais e regulamentares aplicáveis.

○ Garantir que os critérios sejam claros, objetivos e compreendidos pela equipa de auditoria.

- **Seleção da Equipa de Auditoria:**

○ Escolher auditores internos com a competência e experiência necessárias em sistemas de gestão anti-suborno.

○ Garantir a objetividade e imparcialidade do processo de auditoria, selecionando auditores independentes das áreas auditadas.

○ Fornecer aos auditores formação adequada sobre a norma ISO 37001 e metodologias de auditoria.

- **Elaboração do Programa de Auditoria:**
  - Planear a frequência, os métodos, as responsabilidades e os requisitos de reporte da auditoria.
  - Considerar a importância dos processos auditados e os resultados de auditorias anteriores.
  - Documentar o programa de auditoria e manter registos da sua implementação.
  - **Consultar a norma ISO 19011** para orientações sobre auditorias a sistemas de gestão.
- **Preparação da Documentação:**
  - Reunir toda a documentação relevante para a auditoria, como políticas, procedimentos, registos e relatórios.
  - Garantir que a documentação esteja atualizada, completa e acessível à equipa de auditoria.

2. Execução da Auditoria Interna

A execução da auditoria envolve a recolha de evidências objetivas para avaliar a conformidade do SGAS com os critérios estabelecidos. Nesta fase, é fundamental que os auditores sigam os procedimentos planeados, atuem com profissionalismo e recolham dados precisos.

- **Realização de Auditorias Baseadas no Risco:**
  - Implementar uma abordagem de auditoria baseada no risco, focando nas áreas com maior risco de suborno.
  -

○ Priorizar os recursos de auditoria onde são mais necessários.

- **Revisão da Documentação:**

○ Examinar a documentação relevante, registos e evidências para avaliar a conformidade com os requisitos da ISO 37001.

○ Verificar se os controlos anti-suborno estão a ser implementados de forma eficaz e consistente.

- **Entrevistas ao Pessoal:**

○ Realizar entrevistas com funcionários, gestores e outras pessoas relevantes para recolher informações e evidências sobre as práticas anti-suborno.

○ Incentivar uma comunicação aberta e honesta durante as entrevistas.

- **Observação de Processos:**

○ Observar os processos em curso para avaliar se estão a ser implementados conforme o planeado.

○ Verificar se os controlos estão a ser aplicados na prática.

- **Recolha de Evidências:**

○ Documentar todas as evidências recolhidas durante a auditoria, incluindo entrevistas, observações e análise de documentos.

- ○ As evidências devem ser objetivas, verificáveis e relevantes para os critérios da auditoria.

3. Relato das Descobertas da Auditoria

Após a execução da auditoria, é necessário documentar e comunicar os resultados da auditoria, incluindo as conformidades, as não conformidades e as recomendações de melhoria. O relato deve ser claro, conciso e objetivo, permitindo que a gestão tome as medidas corretivas necessárias.

- **Documentação das Descobertas:**
  - ○ Documentar todas as descobertas da auditoria de forma precisa e abrangente.
  - ○ Distinguir claramente entre conformidades e não conformidades.
  - ○ Incluir evidências para suportar as descobertas e conclusões.
- **Identificação e Relato de Não Conformidades:**
  - ○ Identificar e relatar quaisquer instâncias de não conformidade com os requisitos da norma ISO 37001.
  - ○ Classificar as não conformidades com base na sua gravidade e impacto potencial.
  - ○ As não conformidades devem ser descritas de forma clara e objetiva.

- **Elaboração de Recomendações de Melhoria:**

  - o Fornecer recomendações para melhorar o SGAS com base nas descobertas da auditoria.

  - o As recomendações devem ser acionáveis e direcionadas para resolver as não conformidades e melhorar a eficácia do sistema.

- **Elaboração do Relatório de Auditoria:**

  - o Preparar um relatório de auditoria abrangente que inclua:

    - O escopo, os objetivos e os critérios da auditoria.

    - A metodologia utilizada na auditoria.

    - As descobertas da auditoria, incluindo as conformidades e as não conformidades.

    - As recomendações de melhoria.

    - As conclusões gerais da auditoria.

  - o O relatório deve ser claro, conciso e fácil de entender.

- **Comunicação dos Resultados da Auditoria:**

  - o Comunicar os resultados da auditoria à gestão relevante, à função de *compliance* anti-suborno, à alta gestão e, quando apropriado, ao órgão de governação.

  - o A comunicação deve ser transparente e oportuna.

4. Acompanhamento da Auditoria Interna

O acompanhamento é a fase final do processo de auditoria, que visa garantir que as ações corretivas e preventivas sejam implementadas de forma eficaz.

- **Implementação de Ações Corretivas e Preventivas (CAPA):**

  - A organização deve desenvolver e implementar ações corretivas para resolver as não conformidades identificadas durante a auditoria.

  - Devem ser implementadas ações preventivas para evitar a recorrência das não conformidades.

  - A eficácia das ações corretivas e preventivas deve ser monitorizada e verificada.

  - A organização deve manter registos de todas as atividades CAPA, incluindo a identificação da não conformidade, a análise da causa raiz, as ações corretivas e preventivas e a sua verificação.

- **Monitorização e Verificação:**

  - Monitorizar o progresso e a eficácia das ações corretivas e preventivas.

  - Utilizar indicadores chave de desempenho (KPIs) relacionados com as não conformidades e com a eficácia das medidas CAPA.

  - Verificar se as ações corretivas e preventivas foram implementadas com sucesso e se estão a produzir os resultados desejados.

- **Melhoria Contínua:**
  - Utilizar os resultados da auditoria e as ações CAPA para melhorar continuamente a adequação, a adequação e a eficácia do SGAS.
  - A melhoria contínua deve ser um processo constante, envolvendo todos os níveis da organização.

Responsabilidades da Auditoria Interna

- **Planear as auditorias** de acordo com os riscos da organização, incluindo a definição do âmbito, objetivos e critérios.
- **Conduzir as auditorias** com objetividade, imparcialidade e profissionalismo.
- **Documentar e comunicar** as descobertas de auditoria, não conformidades e recomendações de melhoria.
- **Acompanhar a implementação** das ações corretivas e preventivas, garantindo a sua eficácia.
- **Contribuir para a melhoria contínua** do SGAS, através da análise das descobertas e lições aprendidas.

Certificação do Sistema de Gestão Anti-Suborno (ISO 37001)

A certificação de um SGAS, baseada na norma ISO 37001, demonstra o compromisso de uma organização com a ética e a prevenção do suborno. Este processo envolve uma avaliação independente por uma entidade certificadora para verificar se o sistema implementado está em conformidade com os requisitos da norma. A certificação não só aumenta a confiança das partes interessadas, mas também auxilia na melhoria contínua do sistema de gestão.

O Processo de Certificação

O processo de certificação é composto por várias etapas, desde a implementação do SGAS até à auditoria de certificação e emissão do certificado. As etapas incluem:

1. **Implementação do Sistema de Gestão:** Antes de iniciar o processo de certificação, a organização deve implementar um SGAS que esteja em operação por um período de tempo. A implementação deve seguir os requisitos da ISO 37001 e incluir a criação de políticas, procedimentos e controlos anti-suborno. A metodologia IMS2 da PECB pode ser utilizada como guia para a implementação.

1. **Auditoria Interna e Revisões:** Antes da auditoria de certificação, a organização deve realizar pelo menos uma auditoria interna, uma revisão pela gestão e uma revisão pela função de *compliance* anti-suborno. Estas revisões são essenciais para garantir que o sistema está a funcionar eficazmente e para identificar áreas de melhoria.

1. **Seleção da Entidade Certificadora (Registar):** A organização escolhe a entidade certificadora que irá conduzir a auditoria de certificação. É importante selecionar uma entidade com experiência e acreditação para garantir a credibilidade do certificado.

1. **Auditoria de Pré-Avaliação (Opcional):** A organização pode optar por realizar uma pré-auditoria para identificar quaisquer lacunas entre o seu sistema de gestão e os requisitos da norma. Esta etapa é útil para preparar a organização para a auditoria de certificação.

1. **Auditoria de Fase 1:** Esta auditoria avalia a conceção do SGAS para garantir que este foi projetado para cumprir os requisitos da norma e os objetivos da organização. Parte desta auditoria deve ser realizada *in loco*.

1. **Auditoria de Fase 2:** Esta auditoria avalia a implementação

e a eficácia do SGAS. Os auditores recolhem evidências objetivas através de entrevistas, análise de documentos e observação de processos.

1. **Emissão do Certificado:** Se a auditoria de fase 2 for bem-sucedida, a entidade certificadora emite o certificado ISO 37001, que é válido por um período de tempo definido e sujeito a auditorias de acompanhamento.

1. **Auditorias de Acompanhamento:** Após a certificação, a organização deve passar por auditorias de acompanhamento periódicas para garantir a manutenção da conformidade com a norma e a melhoria contínua do SGAS.

Como Escolher a Certificação Certa para o seu Perfil Profissional

A certificação de profissionais é uma forma de demonstrar a competência e experiência em sistemas de gestão anti-suborno. A PECB oferece um *roadmap* de formação e esquemas de certificação para profissionais, que incluem:

- **ISO 37001 Foundation:** Esta certificação é destinada a profissionais que precisam de uma compreensão geral da norma ISO 37001 e seus requisitos. É ideal para quem está a iniciar a sua jornada em SGAS.
- **ISO 37001 Implementer:** Estas certificações são para profissionais que precisam de implementar um SGAS e, no caso da certificação de *Lead Implementer*, gerir um projeto de implementação. É adequado para consultores e gestores de projeto envolvidos na implementação do sistema.
- **ISO 37001 Auditor:** Estas certificações são para profissionais que precisam de auditar um SGAS e, no caso da certificação de *Lead Auditor*, gerir uma equipa de auditores. É ideal para auditores internos e externos, que conduzem avaliações do SGAS.

- **ISO 37001 Master:** Esta certificação é para profissionais que precisam de implementar um SGAS, dominar as técnicas de auditoria e gerir equipas e programas de auditoria. É o nível mais avançado de certificação e demonstra uma experiência profunda em SGAS.

A escolha da certificação certa depende da sua experiência profissional, funções atuais e objetivos de carreira.

- **Considere o seu nível de conhecimento e experiência:** Se é novo na área, a certificação *Foundation* é um bom ponto de partida. Se já possui experiência na implementação ou auditoria de SGAS, as certificações *Implementer* ou *Auditor* podem ser mais adequadas.
- **Avalie as suas funções atuais:** Se o seu trabalho envolve a implementação de um SGAS, a certificação *Implementer* é a mais relevante. Se o seu trabalho se centra na auditoria de sistemas de gestão, a certificação *Auditor* é mais apropriada.
- **Pense nos seus objetivos de carreira:** Se pretende alcançar um nível de especialização mais elevado em SGAS, a certificação *Master* é um objetivo a considerar.
- **Verifique a reputação e credibilidade do organismo de certificação:** Ao escolher um curso de formação ou um programa de certificação, certifique-se de que o organismo é reconhecido e oferece certificações credíveis, como a PECB.
- **Invista na sua formação:** Participar em cursos de formação reconhecidos aumenta significativamente as suas hipóteses de sucesso no exame de certificação.

Benefícios da Certificação

A certificação do SGAS e de profissionais traz vários benefícios, incluindo:

- **Demonstração de Compromisso:** A certificação demonstra o compromisso da organização com a ética e a prevenção do suborno.
- **Melhoria da Reputação:** A certificação aumenta a confiança das partes interessadas e melhora a reputação da organização.

- **Gestão de Riscos:** A certificação ajuda a organização a identificar e gerir os riscos de suborno de forma eficaz.
- **Vantagem Competitiva:** A certificação pode ser um diferencial competitivo para a organização, demonstrando o seu compromisso com a integridade e a transparência.
- **Reconhecimento Profissional:** A certificação profissional reconhece a competência e experiência em SGAS e pode abrir novas oportunidades de carreira.
- **Confiança das Partes Interessadas:** A certificação de indivíduos permite às organizações tomar decisões mais informadas sobre a escolha de funcionários ou serviços com base nas suas competências.

A certificação do SGAS e de profissionais é um investimento estratégico para qualquer organização que pretenda demonstrar o seu compromisso com a ética e a prevenção do suborno. Ao escolher a certificação certa para o seu perfil profissional, deve avaliar as suas necessidades, experiência e objetivos de carreira. A certificação de profissionais e organizações é vital para um sistema de gestão anti-suborno, pois demonstra que as organizações desenvolveram processos padronizados baseados em melhores práticas.

Recomendações para Escolher Entidades Certificadoras ISO 37001:

1. **Acreditação e Reconhecimento:** É crucial que a entidade certificadora seja **acreditada** por um organismo de acreditação reconhecido internacionalmente. Isso garante que a certificação seja válida e respeitada. A acreditação é um indicativo de que a certificadora segue padrões internacionais de competência e imparcialidade.

1. **Experiência e Competência:** Escolha uma entidade certificadora que demonstre **experiência** na certificação de sistemas de gestão anti-suborno. A experiência em vários setores pode ser uma vantagem, pois a entidade estará mais

familiarizada com os desafios e riscos específicos de cada setor.

1. **Reputação e Credibilidade:** Verifique a **reputação** da certificadora no mercado. Pesquise *feedback* de outras organizações que já foram certificadas por essa entidade. A reputação é um fator importante para garantir a credibilidade do certificado.

1. **Âmbito da Certificação:** Certifique-se de que a entidade certificadora tem **âmbito para certificar o seu tipo de organização**. Algumas certificadoras podem ser especializadas em determinados setores ou tamanhos de empresas.

1. **Processo de Certificação:** Avalie a **clareza e transparência** do processo de certificação da entidade. Uma entidade certificadora que explique detalhadamente as etapas do processo e os requisitos necessários demonstra profissionalismo e facilita a preparação da organização.

1. **Auditores Qualificados:** Verifique se a entidade emprega **auditores qualificados e competentes** para realizar as auditorias de certificação. Os auditores devem ter experiência em sistemas de gestão anti-suborno e um conhecimento profundo dos requisitos da norma ISO 37001.

1. **Serviços Adicionais:** Algumas entidades certificadoras podem oferecer **serviços adicionais**, como *pre-assessments*, formação e *workshops*, que podem ser úteis para a implementação e melhoria contínua do sistema de gestão anti-suborno.

Entidades Certificadoras de Referência:

- **PECB:** As fontes mencionam a **PECB** como uma entidade de referência na certificação de profissionais e organizações em sistemas de gestão anti-suborno. A PECB oferece um *roadmap* de formação e esquemas de certificação para profissionais, além de certificar organizações de acordo com a norma ISO 37001.
- **Outras Entidades:** Embora as fontes não nomeiem outras entidades específicas, é importante referir que existem **várias outras entidades certificadoras** com reputação e competência no mercado. É aconselhável pesquisar e comparar várias opções antes de tomar uma decisão.

Como Escolher a Entidade Certificadora Certa:

1. **Pesquise e Compare:** Consulte a lista de organismos de certificação acreditados e pesquise informações sobre a reputação e experiência de cada um.

1. **Solicite Propostas:** Peça propostas a várias entidades certificadoras e compare os custos, o processo de certificação e os serviços adicionais oferecidos.

1. **Consulte Clientes:** Entre em contato com outras organizações que já foram certificadas pela entidade para obter *feedback* sobre o seu serviço.

1. **Verifique a Acreditação:** Certifique-se de que a entidade certificadora possui a acreditação necessária para certificar o seu sistema de gestão anti-suborno.

1. **Considere as Suas Necessidades:** Escolha uma entidade certificadora que corresponda às necessidades específicas da sua organização, como o setor de atividade e o tamanho da empresa.

1. **Avalie a Qualificação dos Auditores:** Confirme se a entidade certificadora possui auditores qualificados e experientes na norma ISO 37001.

Nota: A **PECB** é mencionada como um exemplo de certificadora de referência, mas não é a única opção no mercado. É importante fazer uma pesquisa exaustiva antes de tomar uma decisão.

Papel do Auditor Interno no Âmbito da ISO 37001

O auditor interno desempenha um papel crucial na manutenção e melhoria contínua do sistema de gestão anti-suborno (SGAS) de uma organização, conforme estabelecido pela norma ISO 37001. O auditor interno é responsável por avaliar a conformidade, a eficácia e a adequação do SGAS, fornecendo informações valiosas para a gestão e para a melhoria contínua do sistema.

Responsabilidades e Atividades do Auditor Interno:

1. **Planeamento da Auditoria:**

○ **Definir o Âmbito e Objetivos:** O auditor deve começar por definir claramente o **âmbito da auditoria**, incluindo os departamentos, processos e locais geográficos a serem auditados. Devem ser definidos objetivos específicos que estejam alinhados com os requisitos da ISO 37001 e os objetivos anti-suborno da organização.

○ **Estabelecer Critérios de Auditoria:** É necessário identificar os **critérios** com base nos quais a auditoria será conduzida, incluindo as normas ISO 37001, requisitos legais e políticas internas.

○ **Formar uma Equipa de Auditoria Competente:** Os auditores devem ter o **conhecimento e a experiência** necessários em sistemas de gestão anti-suborno. É importante que recebam formação adequada sobre os requisitos da ISO 37001 e metodologias de auditoria.

○ **Elaborar um Programa de Auditoria:** O auditor deve planear, implementar e manter um programa de auditoria que inclua a frequência, os métodos, as responsabilidades e os requisitos de planeamento e relato. O programa deve considerar a importância dos processos e os resultados de auditorias anteriores.

2. **Execução da Auditoria:**

○ **Abordagem Baseada no Risco:** A auditoria interna deve ser **baseada no risco**, focando as áreas de maior risco de suborno identificadas na avaliação de riscos da organização.

Os recursos da auditoria devem ser priorizados onde são mais necessários.

○ **Revisão da Documentação:** O auditor deve **examinar a documentação** relevante, registos e evidências para avaliar a conformidade com os requisitos da ISO 37001. É importante verificar se os controlos anti-suborno são implementados de forma eficaz e consistente.

○ **Realização de Entrevistas:** O auditor deve conduzir **entrevistas** com funcionários, gestão e outras pessoas relevantes para obter *insights* e evidências sobre as práticas anti-suborno. Deve ser promovida uma comunicação aberta e honesta durante as entrevistas.

3. **Relato da Auditoria:**

○ **Documentar as Descobertas:** O auditor deve **documentar as descobertas** da auditoria de forma precisa e abrangente, diferenciando claramente as conformidades e não conformidades. Deve incluir evidências para apoiar as descobertas e conclusões.

○ **Reportar as Não Conformidades:** As **não conformidades** identificadas (instâncias de não cumprimento com os requisitos da ISO 37001) devem ser relatadas, classificando-as com base na sua gravidade e potencial impacto.

○ **Apresentar Recomendações:** O auditor deve apresentar **recomendações** para melhoria com base nas descobertas da auditoria. Estas recomendações devem ser acionáveis e destinadas a resolver as não conformidades e a melhorar o SGAS.

4. **Acompanhamento e Ações Corretivas:**

○ **Acompanhar as Ações Corretivas:** O auditor deve garantir que as **não conformidades** identificadas sejam abordadas através de ações corretivas e preventivas.

○ **Verificar a Eficácia das Ações:** É fundamental verificar a **eficácia das ações** implementadas para resolver as não conformidades e prevenir a sua recorrência. O auditor deve assegurar que a organização toma medidas para eliminar as causas das não conformidades.

5. **Melhoria Contínua:**

○ **Contribuir para a Melhoria do SGAS:** O auditor deve utilizar as descobertas da auditoria como **oportunidades para aprendizagem e adaptação**, fortalecendo os mecanismos internos para prevenir o suborno e melhorar a responsabilização.

○ **Avaliar o Desempenho do SGAS:** O auditor deve avaliar o desempenho e a eficácia do sistema de gestão anti-suborno. Isso inclui a avaliação da cultura de conformidade na organização.

Competências do Auditor Interno:

- **Conhecimento da ISO 37001:** O auditor deve ter um conhecimento profundo dos requisitos da norma ISO 37001.
- **Competências em Auditoria:** O auditor deve ter competências em metodologias de auditoria, incluindo o planeamento, a execução e o relato de auditorias.
- **Análise de Risco:** O auditor deve ser capaz de identificar e avaliar os riscos de suborno.

- **Comunicação:** O auditor deve ter excelentes habilidades de comunicação, tanto escrita como verbal.
- **Independência:** O auditor deve ser independente e imparcial, garantindo que não audita a sua própria área de trabalho.

Implementação Prática do Papel do Auditor Interno:

- **Formação Contínua:** Os auditores internos devem participar em formações contínuas sobre a ISO 37001 e técnicas de auditoria. A PECB oferece cursos de formação para auditores internos.
- **Utilização de *Checklists*:** A utilização de *checklists* e guias de auditoria pode ajudar a garantir que todos os aspetos relevantes do SGAS são avaliados.
- **Registo de Evidências:** É fundamental que o auditor registe todas as evidências recolhidas durante a auditoria.
- **Relatórios Claros:** Os relatórios de auditoria devem ser claros, concisos e acionáveis.
- **Acompanhamento Ativo:** O auditor deve acompanhar ativamente a implementação das ações corretivas e preventivas.

Considerações Importantes:

- O auditor interno deve estar familiarizado com as políticas e procedimentos da organização relativamente ao SGAS.
- A organização deve garantir que o auditor interno tem a autoridade e a independência necessárias para realizar as suas funções de forma eficaz.
- O auditor interno deve estar ciente dos requisitos legais e regulamentares aplicáveis à organização.

O auditor interno é um elemento chave para garantir que o sistema de gestão anti-suborno de uma organização seja eficaz e adequado. O auditor deve planear, executar, relatar e acompanhar auditorias internas, utilizando as suas competências para identificar áreas de melhoria e assegurar que a organização cumpre com os requisitos da norma ISO 37001. Ao desempenhar este papel de forma eficaz, o auditor interno contribui para a construção de uma cultura de ética e conformidade, protegendo a organização contra riscos de suborno.

CONCLUSÃO

Ao longo deste livro, exploramos em profundidade a norma Organização Internacional para Padronização 37001:2016 e sua importância na construção de um ambiente corporativo ético e transparente. Demonstramos como a implementação de um Sistema de Gestão Anti-Suborno pode fortalecer as organizações, promovendo boas práticas empresariais, mitigando riscos e assegurando a conformidade com legislações nacionais e internacionais.

A corrupção e o suborno são desafios contínuos, mas com uma abordagem estruturada e comprometida, as organizações podem minimizar suas vulnerabilidades e reforçar sua credibilidade. A adoção desta norma não apenas protege contra implicações legais e financeiras, mas também fortalece a reputação e a confiança junto a parceiros, clientes e investidores.

Reforçamos a necessidade de um compromisso sólido por parte da alta direção, a implementação de medidas eficazes de controle, a realização de avaliações regulares de risco e o incentivo a uma cultura de conformidade. A transparência e a ética devem ser princípios norteadores para qualquer organização que aspire ao sucesso sustentável.

Esperamos que este livro tenha proporcionado uma visão clara e prática sobre a norma Organização Internacional para Padronização 37001, auxiliando gestores, auditores, consultores e demais profissionais na implementação de políticas eficazes de combate ao suborno. A transformação organizacional começa com o conhecimento e a ação. Que esta obra seja um passo decisivo nessa jornada.

GLOSSÁRIO

- **ABMS (Anti-Bribery Management System) / SGAS (Sistema de Gestão Anti-Suborno):** É um sistema implementado por uma organização para **prevenir, detetar e combater o suborno**. Inclui políticas, procedimentos e controlos que ajudam a gerir os riscos de suborno.
- **Acções Corretivas:** São as ações implementadas para **eliminar a causa de uma não conformidade** detetada e evitar que ela volte a acontecer. Devem ser proporcionais aos efeitos da não conformidade e a sua implementação deve ser documentada.
- **Acções Preventivas:** São as medidas tomadas **para evitar que potenciais não conformidades ocorram**, melhorando continuamente o sistema de gestão anti-suborno.
- **Acreditação:** É um **reconhecimento formal** de que uma entidade certificadora é competente e segue os padrões internacionais de qualidade. Uma certificadora acreditada garante que as suas certificações são válidas e respeitadas.
- **Alta Gestão:** Refere-se ao grupo de pessoas que **dirige e controla** uma organização ao mais alto nível. A alta gestão tem um papel crucial na implementação e eficácia do sistema de gestão anti-suborno, demonstrando liderança e compromisso.
- **Âmbito (da auditoria/certificação):** Define os **limites e a abrangência** de uma auditoria ou certificação. Especifica quais áreas, processos, ou atividades de uma organização serão avaliados.
- **Auditor:** É a pessoa **responsável por realizar uma auditoria**. Deve ser competente, imparcial e ter conhecimento dos requisitos da norma auditada (neste caso, a ISO 37001).
- **Auditoria Externa:** É uma auditoria realizada por **uma entidade independente** para certificar se o sistema de gestão da organização está de acordo com os requisitos da norma.

- **Auditoria Interna:** É uma auditoria realizada **por pessoas dentro da organização** para avaliar o seu próprio sistema de gestão.
- **Auditoria:** É um **processo sistemático e independente** para avaliar se algo está a ser feito de acordo com os critérios estabelecidos. No contexto da ISO 37001, verifica se o sistema de gestão anti-suborno está a funcionar corretamente.
- **Competência:** É a capacidade de uma pessoa aplicar **conhecimentos e habilidades** para alcançar os resultados desejados. No contexto da ISO 37001, refere-se à capacidade do pessoal para realizar as tarefas relacionadas com a gestão anti-suborno.
- **Compromisso Anti-Suborno:** É a **declaração formal** de uma organização de que se empenha em prevenir a ocorrência de suborno. Este compromisso é crucial para demonstrar a seriedade com que a organização trata este problema.
- **Conformidade:** Significa que algo está a ser feito de **acordo com as regras, normas ou requisitos** estabelecidos. No contexto da ISO 37001, refere-se ao cumprimento dos requisitos da norma e das políticas internas anti-suborno.
- **Contexto da Organização:** É o **ambiente interno e externo** em que uma organização opera. Inclui aspetos como a sua cultura, objetivos, partes interessadas e o ambiente legal e regulatório em que está inserida.
- **Controlos Financeiros:** São os procedimentos implementados para **gerir e monitorizar as finanças** de uma organização, com o objetivo de reduzir o risco de suborno. Incluem a gestão de pagamentos, despesas, e a conformidade com regulamentos financeiros.
- **Controlos Não Financeiros:** São os procedimentos implementados para **gerir as atividades** de uma organização, com o objetivo de reduzir o risco de suborno. Incluem a gestão de contratos, compras, recursos humanos e outros processos não financeiros.
- **Declaração de Conformidade Anti-Suborno:** É um documento onde o pessoal, a alta gestão e o órgão de governo declaram,

em intervalos regulares, que cumprem a política anti-suborno da organização.

- **Documentação:** Refere-se à **informação escrita** que uma organização precisa manter para suportar o seu sistema de gestão. Inclui políticas, procedimentos, registos e outros documentos que comprovam o funcionamento do sistema anti-suborno.
- **Due Diligence:** É um processo de **investigação e avaliação** para verificar informações e identificar riscos antes de tomar uma decisão ou iniciar um relacionamento com terceiros. No contexto da ISO 37001, é usado para avaliar o risco de suborno associado a parceiros de negócios e outras partes interessadas.
- **Eficácia:** É a medida em que as atividades planeadas **alcançam os resultados pretendidos**. No contexto da ISO 37001, refere-se à capacidade do sistema de gestão anti-suborno para prevenir, detetar e responder ao suborno.
- **Gestão de Riscos:** É o processo de **identificar, avaliar e mitigar** os riscos que uma organização enfrenta, incluindo o risco de suborno.
- **Governo da Organização (Governing Body):** É o grupo de pessoas com responsabilidade e autoridade sobre a gestão da organização. Em alguns casos, este pode ser o conselho de administração, ou um grupo de diretores.
- **Integridade:** Refere-se à **qualidade de ser honesto e ter princípios éticos fortes**. É um valor fundamental para a prevenção do suborno.
- **ISO (International Organization for Standardization):** É uma organização internacional que desenvolve e publica **normas técnicas** para diversas áreas, incluindo a gestão de sistemas de qualidade, ambiente, segurança e anti-suborno.
- **ISO 37001:** É uma norma internacional que especifica os requisitos para um sistema de gestão anti-suborno (SGAS). Esta norma ajuda as organizações a **prevenir, detetar e combater o suborno**.

- **KPI (Key Performance Indicator):** São indicadores-chave de desempenho usados para **medir e monitorizar o progresso** de uma organização em relação aos seus objetivos. No contexto da ISO 37001, os KPIs são usados para medir a eficácia das medidas anti-suborno.
- **Monitorização:** É o processo de **observar e registar o desempenho** do sistema de gestão anti-suborno para verificar se está a atingir os objetivos definidos. É essencial para identificar áreas que necessitam de melhoria.
- **Não Conformidade:** É uma **falha ou desvio** dos requisitos da norma, políticas ou procedimentos. No contexto da ISO 37001, uma não conformidade indica que algo não está a ser feito de acordo com o estabelecido.
- **Objetivo Anti-Suborno:** É o resultado específico que uma organização deseja alcançar em relação à prevenção e combate ao suborno. Os objetivos anti-suborno devem ser **mensuráveis, alcançáveis, relevantes e com prazos definidos.**
- **Parte Interessada (*Stakeholder*):** É qualquer pessoa ou organização que pode **afetar ou ser afetada** pelas decisões ou atividades de uma organização. No contexto da ISO 37001, inclui os funcionários, parceiros de negócios, clientes, fornecedores, reguladores e outros grupos relevantes.
- **Partes Interessadas (Stakeholders) Relevantes:** São as partes interessadas que podem ser **significativamente afetadas ou influenciar** o sistema de gestão anti-suborno da organização. Devem ser consideradas na definição do âmbito do sistema e na tomada de decisões.
- **Política Anti-Suborno:** É uma **declaração formal das intenções e da direção de uma organização** em relação à prevenção e combate ao suborno. Define os princípios e os valores que orientam as ações da organização nesta área.

- **Processo:** É um conjunto de atividades inter-relacionadas que **transformam entradas em saídas**. No contexto da ISO 37001, os processos incluem as atividades de gestão anti-suborno.
- **Registo (de informação):** É um documento que **prova** que uma determinada atividade ou processo foi realizado. Os registos são importantes para demonstrar a conformidade com a norma ISO 37001.
- **Risco de Suborno:** É a **possibilidade de ocorrência de suborno** numa determinada situação ou contexto. As organizações devem identificar, avaliar e mitigar os seus riscos de suborno.
- **Sistema de Controlo Interno:** É o conjunto de **políticas, procedimentos e mecanismos** estabelecidos por uma organização para garantir que as suas atividades são realizadas de forma eficiente e eficaz, e que os riscos são geridos adequadamente.
- **Suborno:** É o ato de oferecer, prometer, dar, aceitar ou solicitar uma **vantagem indevida** (como dinheiro, presentes ou favores) para influenciar uma decisão ou ação. O suborno é ilegal e antiético.
- **Terceiros (Business Associates):** São os **parceiros de negócios**, como fornecedores, consultores, agentes e distribuidores, que atuam em nome ou em benefício da organização e podem apresentar risco de suborno.
- **WBS (Whistleblowing System):** É um sistema que permite aos **funcionários e outras partes interessadas reportar irregularidades ou práticas antiéticas**, como o suborno, de forma confidencial e segura.

REFERÊNCIAS BIBLIOGRÁFICAS

• ·**ISO 9000**, Sistemas de gestão da qualidade — Fundamentos e vocabulário

• **ISO 9001**, Sistemas de gestão da qualidade — Requisitos

• **ISO 19011**, Diretrizes para auditoria de sistemas de gestão

• **ISO 14001**, Sistemas de gestão ambiental — Requisitos com orientação para uso

• **ISO/IEC 17000**, Avaliação da conformidade — Vocabulário e princípios gerais

• **ISO 19600**, Sistemas de gestão da conformidade — Diretrizes

• **ISO 22000**, Sistemas de gestão da segurança alimentar — Requisitos para qualquer organização na cadeia alimentar

• **ISO 26000**, Orientação sobre responsabilidade social

• **ISO/IEC 27001**, Tecnologia da informação — Técnicas de segurança — Sistemas de gestão de segurança da informação — Requisitos

• **ISO 31000**, Gestão de riscos — Princípios e diretrizes

• **ISO Guide 73**, Gestão de riscos — Vocabulário

• **ISO/IEC Guide 2**, Normalização e atividades relacionadas — Vocabulário geral

• **BS 10500**, Especificação para um sistema de gestão anti-suborno

• **Convenção das Nações Unidas contra a Corrupção**, Nova Iorque, 2004

• **United Nations Global Compact/Transparency International**, Reporting guidance on the 10th principle against corruption, 2009

• **International Chamber of Commerce**, Transparency International, United Nations Global Compact and World Economic

Forum, RESIST: Resisting Extortion and Solicitation in International Transactions, A company tool for employee training, 2010

- **International Chamber of Commerce**, Rules on Combating Corruption, Paris, 2011
- **Transparency International**, Business Principles for Countering Bribery and associated tools, Berlin, 2013
- **Transparency International**, Corruption Perceptions Index
- **Transparency International**, Bribe Payers Index
- **World Bank**, Worldwide Governance Indicators
- **International Corporate Governance Network**, ICGN Statement and Guidance on Anti-Corruption Practices, Londres, 2009
- **World Economic Forum**, Partnering Against Corruption Principles for Countering Bribery, An Initiative of the World Economic Forum in Partnership with Transparency International and the Basel Institute on Governance, Geneva
- **Committee of the Sponsoring Organizations of the Treadway Commission (COSO)**: Internal Control – Integrated Framework, Maio 2013

About the Author

Adérito Tiago Vineza Vieira é especialista em **Compliance e Direito Penal**, com experiência na implementação de **sistemas de gestão anticorrupção**. Advogado inscrito na **Ordem dos Advogados de Angola**, actua na área de consultoria empresarial, auxiliando organizações a fortalecerem suas políticas de **transparência e integridade**.

Read more at https://www.linkedin.com/in/ad%C3%A9rito-vieira-808b3a119/.

www.ingramcontent.com/pod-product-compliance
Lightning Source LLC
LaVergne TN
LVHW040418051026
849517LV00002B/372